在京高校人才培养共建项目：北京市属高校少数民族预科学生培养教育管理体系建设

| 光明社科文库 |

预科英语教学探索与实践

托　娅　夏增艳◎主编

光明日报出版社

图书在版编目（CIP）数据

预科英语教学探索与实践 / 托娅，夏增艳主编．--
北京：光明日报出版社，2019.11
ISBN 978-7-5194-5349-7

Ⅰ.①预… Ⅱ.①托… ②夏… Ⅲ.①英语—少数民
族教育—教学研究—中国 Ⅳ.①H319.3

中国版本图书馆 CIP 数据核字（2019）第 289043 号

预科英语教学探索与实践

YUKE YINGYU JIAOXUE TANSUO YU SHIJIAN

主　　编：托　娅　夏增艳

责任编辑：史　宁　　责任校对：陈永娟
封面设计：中联学林　　责任印制：曹　诤

出版发行：光明日报出版社
地　　址：北京市西城区永安路 106 号，100050
电　　话：010-63139890（咨询），010-63131930（邮购）
传　　真：010-63131930
网　　址：http://book.gmw.cn
E - mail：shining@gmw.cn
法律顾问：北京德恒律师事务所龚柳方律师

印　　刷：三河市华东印刷有限公司
装　　订：三河市华东印刷有限公司
本书如有破损、缺页、装订错误，请与本社联系调换，电话：010-63131930

开　　本：170mm×240mm
字　　数：218 千字　　印　　张：16
版　　次：2020 年 1 月第 1 版　　印　　次：2020 年 1 月第 1 次印刷
书　　号：ISBN 978-7-5194-5349-7

定　　价：95.00 元

前　言

设立少数民族预科班是党和国家为加速发展少数民族地区和边远地区社会主义现代化建设，提高少数民族文化水平，更多地培养少数民族各类专门人才而采取的一项特殊措施。

本科预科教育在提高少数民族学生的文化基础知识，使更多的少数民族学生升入高等学校学习方面起了很大的作用，是为少数民族学生举办的独具特色的办学形式，是民族教育的重要组成部分。

少数民族预科主要面向少数民族地区招生，分为民考民（用少数民族文字参加高考）和民考汉（用汉语参加高考）两种。民考汉预科学习年限一般为一年，民考民学习时间为两年。预科班学生入高校本、专科进行专业学习，其学制与该校本、专科学制相同。

1984 年 3 月，教育部、国家民委在《关于加强领导和进一步办好高等院校少数民族班的意见》中，对有关民族预科班的教学和管理问题做了明确规定，规定预科阶段的任务是“根据少数民族学生的特点，采取特殊措施，着重提高文化基础知识，加强基本技能的训练，使学生在德育、智育、体育几个方面都得到进一步发展与提高，为在高等院校本、专科进行专业学习打下良好基础”。

作为我国少数民族高层次、高素质群体，少数民族学生承载着国家的希望，在完成学业后，他们当中很多人将回到家乡，肩负起维护国家统一、促进民族团结、振兴民族经济，构建和谐社会、弘扬民族文化、传承民族文明以及促进对外文化交流的历史重任，将成为我国少数民族地区建设的骨干力量。

面向少数民族学生的预科英语教育，既不同于传统意义上的高中补习，也不同于普通高校的大学英语教学。因此，少数民族预科培养院校迫切需要探索一种适应这个少数民族知识群体的英语教学模式，以便进行针对性的教学，有效提高学生的英语能力和水平。

如何才能构建出符合国家发展需求、社会发展需求和少数民族学生个人发展需求的英语教学模式，并通过科学、系统、合理、务实的英语课程设置和英语教学设计，使少数民族预科学生不仅能够在英语语言知识以及英语语言应用能力上得到显著提升，而且在公民意识、人文素质、知识宽度、跨文化意识等方面也得到全面升华。使他们通过一年或两年的英语学习和培训，进一步拓宽视野，增强爱国主义意识和民族使命感，形成健全的情感、态度和价值观，为未来的学业发展和事业发展打下良好的基础，这是每一所承担少数民族预科教育的院校以及每一位教师都应该思考和探究的问题。

自2006年成立以来，北京邮电大学民族教育学院英语教研中心经过多年的探索、实践、反思、改革、再实践和再反思，不仅构建了比较成熟的少数民族预科英语课程体系和教学模式，也在教学改革、教材建设、教学研究、教学管理以及评估考核等方面做出了很多探索和创新实践。我们高兴地看到，我们的英语教学改革取得了令人满意的成果，得到历届少数民族学生的广泛认同和好评，也在预科同行院校起到很好的引领作用，得到相关领导职能部门的高度评价。

本书是北京市教育委员会组织的2019年度中央在京高校人才培养共建项目课题“北京市属高校少数民族预科学生培养教育管理体系建设”的研究成果，涉及北京邮电大学民族教育学院预科英语教学改革的多个方面，内容包括：教学理论研究、教法研究、学习者研究、教师研究和教学评价及质量监测研究等内容。

托娅负责全书的策划、修订和统稿工作，并承担了第一章、第二章、第四章（第一、二、四节）、第五章、第六章（第三节）、第七章、第八章、第九章的编写任务；夏增艳承担了第三章、第四章（第三节）以及第六章（第一、二、四节）的编写任务。各章内容是各自作者的研究成果，他们对所编写的内容也拥有相应的权利并承担相应的责任。

在此，我们要特别感谢北京邮电大学民族教育学院的领导班子以及办公室、教务部门、教辅部门和学生管理部门的同事们，他们对民族教育事业表现出的那份执着、热爱以及远见卓识始终激励着我们不断探索、不断创新，他们的支持为我们的英语教学研究和改革创新搭建了一个很好的平台；同时，我们还要感谢北京邮电大学民族教育学院英语教研中心的各位同仁，他们工作中的团结协作、爱岗敬业和创新探索研究为书中内容提供了最真实、最可靠的素材来源；我们也要感谢在北京邮电大学民族教育学院接受预科教育的各民族莘莘学子们，他们在学习中表现出的勤奋、进取和执着以及对知识的渴求，是我们进行教学改革和探索创新的原动力；他们对我们研究过程中的信息数据采集、访谈等活动给予的理解、配合和支持保证了我们教学研究和教改工作的顺利完成。

在此，借此书出版之际，我们愿意与其他院校从事少数民族教育的老师们分享我们的英语教学研究成果，希望我们的探索能够为兄弟院校的老师们提供有益的借鉴。

我们相信，通过大家的不懈努力，我国的少数民族英语教育水平会不断提高，祝愿我国少数民族教育事业得到更快、更好的发展。

编　者

2019 年 3 月 15 日于北京

目 录
CONTENTS

第一章　引言 ………………………………………………………… 1

第一节　北京邮电大学预科办学基本情况 ……………………… 1

第二节　北京邮电大学本科预科课程设置 ……………………… 4

第三节　北京邮电大学本科预科英语教学概况 ………………… 7

第四节　北京邮电大学本科预科课堂教学质量标准……………… 11

参考文献 …………………………………………………………… 13

第二章　教育教学理论指导下的少数民族预科英语教学 ……… 15

第一节　建构主义理论与少数民族预科英语教学………………… 15

第二节　人本主义理论与少数民族预科英语教学………………… 22

第三节　社会建构主义理论与少数民族预科英语教学 ………… 30

第四节　教育的“四大支柱”与少数民族预科英语教学………… 39

参考文献 …………………………………………………………… 48

第三章　少数民族预科英语教学模式探究 …………………… 52

第一节　英语教学模式概述 ……………………………………… 52

第二节 少数民族预科英语的多媒体网络教学改革 …………………… 56
第三节 “网络自主学习平台+课堂教学”的英语教学模式探究 … 58
第四节 网络环境下推进少数民族预科英语教学模式改革的建议 … 67
参考文献 …………………………………………………………… 71
第四章 少数民族预科学习者非智力因素与英语学习的相关性研究 … 74
第一节 学习动机与英语学习的相关性研究 ………………………… 76
第二节 学习风格、性格因素与英语学习的相关性调查研究 ……… 91
第三节 少数民族预科生英语学习观念因素分析 ………………… 102
第四节 学习者情感因素与英语学习的相关性研究 ……………… 115
参考文献 …………………………………………………………… 127
第五章 少数民族学生自主学习意识及自主学习行为实证调查 ……… 132
第一节 相关理论及研究概述 ……………………………………… 132
第二节 研究设计 …………………………………………………… 134
第三节 调查结果与分析 …………………………………………… 135
第四节 结语 ………………………………………………………… 143
参考文献 …………………………………………………………… 144
第六章 预科英语教学中的跨文化交际能力及文化适应策略研究 …… 146
第一节 学习者跨文化交际能力的理论 …………………………… 146
第二节 少数民族预科学生跨文化交际能力的实证研究 ………… 152
第三节 少数民族预科学生的文化适应策略实证研究 …………… 162
第四节 少数民族预科学生跨文化能力培养途径 ………………… 173
参考文献 …………………………………………………………… 176
第七章 少数民族预科英语教师素质要求 ………………………… 181
第一节 英语教师的素质要求 ……………………………………… 181

第二节 多元文化背景下教师的素质要求 …… 190
第三节 少数民族预科英语教师的素质要求 …… 191
第四节 结语 …… 195
参考文献 …… 197
第八章 少数民族预科英语教师专业发展探究 …… 199
第一节 教师专业发展的历史背景 …… 199
第二节 教师专业发展的内涵 …… 201
第三节 中国英语教师专业发展存在的普遍性问题 …… 203
第四节 欧美国家高校教师专业发展经验 …… 205
第五节 少数民族预科英语教师专业发展途径 …… 207
第六节 结语 …… 211
参考文献 …… 212
第九章 少数民族预科英语教学评价与质量监测 …… 214
第一节 少数民族预科英语教学评价 …… 214
第二节 少数民族预科英语会考及教学质量监测 …… 220
参考文献 …… 240

第一章

引言

第一节　北京邮电大学预科办学基本情况

北京邮电大学民族教育学院是由教育部民族教育司于 2003 年 11 月 25 日批准建立的全国高校民族预科教育基地，正式成立于 2004 年 6 月 4 日，成为教育部指定的六所全国少数民族预科教育培养基地之一。

学院 2004 年首次招生，来自 31 个少数民族、21 个省市自治区的高中毕业生走进了民族教育学院的大门。截至 2018 年，学院已累计为全国 42 所高校培养少数民族预科生 18000 余名。多年来学院各项工作得到了社会各届的高度评价。

表 1　北京邮电大学民族教育学院 2017—2018 学年目标院校统计

序号	目标院校	所属批次
1	北京化工大学	部属 211 工程工科大学

续表

序号	目标院校	所属批次
2	北京交通大学	部属211工程工科大学
3	北京科技大学	部属211工程工科大学
4	北京师范大学	部属985、211工程师范类大学
5	北京邮电大学	部属211工程工科大学
6	北京语言大学	部属重点大学
7	北京中医药大学	部属211工程医药类大学
8	东北大学	部属985、211工程工科类大学
9	对外经济贸易大学	部属211工程财经类大学
10	江苏大学	省属普通高等院校
11	江苏科技大学	省属普通高等院校
12	南京师范大学	省属211工程师范类大学
13	南京信息工程大学	省属普通高等院校
14	上海大学	市属211工程综合性大学
15	上海师范大学	市属全日制普通高等院校
16	上海中医药大学	市属全日制普通高等院校
17	扬州大学	省属普通高等院校
18	中国地质大学（北京）	部属211工程工科类大学
19	中国科学技术大学	中科院985、211工程工科类大学
20	中国农业大学	部属985、211工程农业类大学
21	中国政法大学	部属211工程政法类大学
22	中央财经大学	部属211工程财经类大学
23	南开大学	部属985、211工程综合性大学
24	中南财经政法大学	部属211工程财经类大学
25	河南大学	省属普通高等院校
26	河南财经政法大学	省属普通高等院校

续表

序号	目标院校	所属批次
27	河南科技大学	省属普通高等院校
28	河南师范大学	省属普通高等院校
29	河南中医药大学	省属普通高等院校
30	西南林业大学	省属普通高等院校

2006 年，民族教育学院又承担了少数民族硕士研究生基础培训的任务。2009 年 3 月 16 日，教育部批复了北京邮电大学民族教育学院“三基地”挂牌的请示，学院成为全国唯一一所同时拥有“全国高校民族预科教育基地”“全国少数民族高层次骨干人才硕士生基础强化培训基地”和“全国少数民族骨干教师语言与信息化培训基地”三块牌子的民族教育院校。

学院坚持高起点、重特色、成规模、上水平的发展战略，结合北京邮电大学在信息、通讯等领域的学科优势，以全面培养高素质少数民族优秀人才为目标，努力把学院建设成高质量、高水平，具有特色的全国高校民族预科教育基地。

北京邮电大学本科预科教学依照“补预结合”的少数民族预科教学指导方针，结合本校信息网络优势，根据学生实际情况，大力开展网络多媒体教学，建设“多样化”“个性化”的自主学习平台，全面有效培养和提升少数民族学生的综合素质，培养学生的自主学习能力和独立思维能力，初步激发学生的探索和创新能力，为其日后能顺利完成目标学校的专业学习打下良好的基础。

自 2004 年成立伊始，北京邮电大学民族教育学院遵照教育部民族司“突出重点、加强基础、兼顾专业”的原则，针对一年制“民考汉”学生和两年制“民考民”学生，分类进行了细化的课程设置。（“民考汉”指的是少数民族学生在参加全国普通高等学校统一招生考试时，使用与汉族考生同样的试卷。“民考民”指的是少数民族学生在参加全国普通高等学校统一招生考试时，使用本民族语言文字答卷）。

“民考汉”一年制本科预科教学强调“预补结合，以预为主”，课程设置接近本科内容，旨在让学生积累通过一年的学业能够与本科学业更好地衔接，顺利进入本科目标学校。

“民考民”两年制本科预科教学强调“补预结合，以补为主”，主要任务是巩固高中知识，同时大力加强汉语和英语语言的学习，通过两年的补习，让学生能够巩固基础，顺利进入目标学校进行本科阶段的学习。

按照教育部民族司的相关文件精神，北京邮电大学少数民族本科预科教学实施统一教学大纲，采用教育部组织统一编写由人民出版社出版的相关教材，并于2016年、2017年、2018年参加了由教育部民族司统一组织的全国预科结业会考及教学质量检测。

第二节　北京邮电大学本科预科课程设置

一、一年制“民考汉”班级课程设置

一年制“民考汉”学生来自全国多个少数民族地区，因此我们将其统称为“全国班”，全国班按照文理科分班。课程分为三大类，

分别为公共基础课程、主干课程和非主干课程。

1. 理科班课程设置：

公共基础课程：民族理论与民族政策、计算机基础、体育

主干课程：英语精读、英语听力、高等数学、大学语文

非主干课程：物理、C 语言、线性代数

2. 文科班课程设置：

公共基础课程：民族理论与民族政策、计算机基础、体育

主干课程：英语精读、英语听力、数学、高等数学、大学语文

非主干课程：外国文学欣赏、当代文学

全国班分班原则：因为来自不同地区，学生的英语水平差异极大，从高考成绩 130 分以上到 60 分以下的学生都有，我们根据学生入校的英语考试成绩分班，以便实施英语分层次教学。

二、两年制"民考民"班级课程设置

北京邮电大学两年制"民考民"少数民族学生的生源地为新疆，我们将其统称为"新疆班"。新疆班按照文理科分班。课程分为三大类，分别为公共基础课程、主干课程和非主干课程。

1. 理科班课程设置：

公共基础课程：民族理论与民族政策、体育、计算机基础

主干课程：汉语精读、大学汉语、综合英语、数学、高等数学

非主干课程：汉语阅读、汉语写作、汉语听说、物理、线性代数、科技汉语

2. 文科班课程设置：

公共基础课程：民族理论与民族政策、体育、计算机基础

主干课程：汉语精读、大学汉语、文学作品选读、综合英语

非主干课程：汉语阅读、汉语写作、汉语听说、数学

新疆班分班原则：新疆班是根据学生入校时的汉语水平进行分班的。主要采用小班授课的方式，以语言类课程为主线。一年级在强化汉语学习的同时，英语教学从零基础起步。

三、英语课程教学课时设置

根据学生英语学习的具体情况，按照《大纲》建议的学时安排教学：

本科预科一年制英语教学为一个学年，第一学期教学 16 周，每周 6 学时，共 96 学时；第二学期教学 16 周，每周 6 学时，共 96 学时，两个学期总学时 192 学时。

本科预科两年制英语教学为两个学年，分为四个学期，每一学期教学 16 周，每周 8 学时，共 128 学时；总学时 512 学时。实验班在此基础上每周减少 2 学时。

英语教学采取“边讲边练，讲练结合；随堂测试，梯次搭配”的教学模式，旨在使基础不同的学生在不同层面上夯实基础，开阔思路，弥补差距，并将“讲读课”和“讨论课”相结合，培养学生学习的主动性，养成自主学习和独立思考的习惯，提升综合素质和语言理解能力。并依托标准化考试体系，强化训练英语语言技能，实现英语综合能力的快速提高。

第三节　北京邮电大学本科预科英语教学概况

一、教师队伍

英语教研中心共有专职教师12名，承担着民族教育学院少数民族本科预科和少数民族高层次骨干人才硕士研究生基础培训班的英语教学任务。根据少数民族学生的多元文化背景、专业背景和英语语言能力差异，英语教学坚持因材施教、分层教学、面向全体少数民族学生，通过多年不懈的探索，逐渐建立了科学、务实、高效的课程体系。

二、教学改革与创新

近几年，中心组成员团结协作，求实创新，依托多媒体技术和语音室设备，积极推进预科英语教学改革，开展了以下几个方面的教学改革和创新实践活动。

（一）建立了以“全人教育”为导向、多媒体环境下的自主学习平台，为学生实践自主学习，实现个性化学习开辟了广阔的空间；使英语教学朝着个性化学习、不受时间和地点限制的主动式学习方向发展，构建具有动态交互功能和资源丰富的学习平台。

（二）建设了适应少数民族学生学习特点的丰富多样的电子学习资源，既有分级词汇库、语法库、听力试题库，也有由听力、语法词汇、完形填空和阅读理解等题型构成、涉及不同难度系数的试卷

70 套、近万道标准化测试题组成的机考资源库。

（三）实验班使用 clicker 应答系统，构建了以强化师生互动和学生参与为特色的教学模式，改变了课堂学习模式，激发了学生的学习热情和兴趣，改善了学习态度，活跃了课堂气氛。

（四）探索了“课堂教学 + 自主学习平台”的预科英语教学模式，“课堂教学 + 自主学习平台”的少数民族本科预科英语教学模式自 2015 年开始在本科预科一年制和两年制英语实验班教学中应用，并取得了显著效果。新的教学模式以现代信息技术为支撑，以课堂讲授和上机练习的方式相互交叉进行，充分发挥教师在课堂教学的主导作用和学生在网上自主学习的主体作用，把教师课堂讲授与学生课后网上自主学习结合起来，通过课堂教学、网络平台学习之间的相互配合，提高学习者兴趣，完成教学目的。

三、教材编写与科研项目

中心全体教师在完成教学任务的同时，不断探索教学科研创新和教学改革之路，不仅承担了全国少数民族本科预科英语教材的编写任务，而且完成多个教育部科研项目和校级项目。发表相关学术论文多篇。

英语教研中心学科带头人 2014 年由民族司指派，负责并执笔“普通高等院校少数民族本科预科英语教学大纲”的编写制订。此外还承担教育部课题“高校民族预科班英语会考体系和实施方案研究”，完成会考模式设计，由民族司和少数民族预科指导委员会指定为“全国少数民族预科英语会考”出题专家组组长。

学院 2016 年在教育部少数民族预科教育教学与管理工作委员会

组织的“本科预科结业会考”中受到表彰，获先进集体荣誉称号，两位教授荣获“先进个人”称号。

北京邮电大学民族教育学院和英语教研中心近几年所做出的教学探索和实践在预科界产生了很好的示范作用和引领作用。

四、英语语言教学及自主学习平台

学院配有两间语音实验室，供英语教学以及学生自主学习使用。语音实验室主要功能如表2所示。

表2 语音实验室设备技术指标及性能要求

系统	设备名称	技术指标及性能要求	数量单位
系统管理软件平台	专业化教学系统	包括专业的听力教学平台、口语教学平台、阅读教学平台、综合教学平台、口译教学平台、小班教学平台、自学辅导平台等，嵌入专家教学模式，配备流程化操作工具，实现师生双向互动	2套
	综合考试系统	(1) 满足全班所有的学生统一开始考试、统一发卷、统一交卷，符合学校标准化学业考试要求。 (2) 实现听力、阅读、写作等综合考试形式，支持大规模的网络化综合考试，组卷—考试—阅卷—成绩的统计分析，各个过程实现流程化操作。 (3) 智能化组卷系统：10万道以上题目，且题型要符合学校的题型要求，每道题具有难度系数(0.1—0.9)、题材、使用对象、试题形式、试题出处等属性，教师输入条件，自动生成多份符合条件的试卷，教师可以进行修改调整。 (4) 自动化阅卷系统：客观题自动阅卷，主观题由计算机辅助阅卷，阅卷完成后分数自动汇总。 (5) 成绩系统：对考试成绩进行科学统计，快速查询成绩。 (6) 题库管理系统：学校可以设定自己的专业化题库，并按照题目属性分类，进行试题的添加、删除等工作，并在组卷的时候按照属性智能化组卷	2套

续表

系统	设备名称	技术指标及性能要求	数量单位
系统管理软件平台	网络化口语考试系统	具备考前准备、试音、考试、考后回放、阅卷、成绩管理等模块，满足大规模校级口试、英语专业四/八级等多种国家级口试要求；可设置成由多名教师对某学生的进行评估。 须达到国家口语考试及阅卷要求：口语考试系统、阅卷系统被国家级考试组织机构正式采用的	2 套
	多媒体控制平台	可接入并调控多种外围设备（DVD、录音卡座、功放等）	2 台
	教师耳机话筒	一体式头戴式耳机话筒，带音量调节和话咪开关	2 个
	录音卡座	音质清晰，具有录音、电子计数、书签等功能	2 台
	语音交换机	采用高保真网络技术，确保语音流媒体数据的正确性，实现语音信号高保真传输，端口满足 76 个学生座位/每间教室	2 套
	功放	额定功率 70w + 70w（最大功率 350w），阻抗 8 欧姆，频率响应 20—20KHz	2 台
	DVD	频率特性：20Hz—20KHz，信噪比≥89dB，音频动态范围≥80dB，5.1 独立声道输出，支持 USB 设备，可播放 RM/RMVB/RMV 格式	2 台
学生端设备	语言学习终端	采用高保真技术，可进行呼叫、录音、复听、跟读、自主学习、阅读训练、考试作答等	152 个
	学生耳机话筒	一体式头戴式耳机，带话咪，动圈式工作方式	152 个

续表

系统	设备名称	技术指标及性能要求	数量单位
语言学科平台	自主学习管理平台	学生可以进行自主学习，系统自动对学生进行各种监控管理，并具备通知与公告、公共论坛、通讯工具、综合点播（教案点播、视频点播、节目点播）等功能。自我测试、互动交流、新闻发布、短消息、投票、公告等	152 点
	仿四、六级考试训练系统	（1）随机出卷系统：系统自动随机循环抽取试题形成一套符合英语四、六级网考（考试）要求的仿真试卷，连续多次测试，试题不重复。 （2）学生训练系统：完全模拟国家英语四、六级网考（考试）流程，系统全自动控制整个训练过程，学生按要求进行作答，考试完成后系统自动评分 （3）试题管理系统：系统配备一定数量按英语四、六级考试要求开发的试题，教师也可不断添加试题，形成专用的英语四、六级仿真试题库	2 套
	资源库	300G 以上的资源，内容包含语言知识类、技能训练类、语言文化类、语言应用类、多媒体教学课件、网络课程等资料；经过二次梳理，按知识点、难度、级别及适应专业等方面进行分类，使其变成针对性很强的教材，有利于实现快速的资料搜索。系统开放，老师可不断添加各种资源	300G

第四节　北京邮电大学本科预科课堂教学质量标准

为进一步规范课堂教学的管理和工作过程，提高课堂教学质量，使民族学院预科教学的课堂教学工作有标准可依，学院特制定课堂教学质量标准，以此指导学院的课堂教学工作。

表 3 预科课堂教学质量标准

观测点		质量标准 A	质量标准 C
（一）教学内容	1. 教学大纲	教学目的明确，教学内容符合大纲要求	教学目的、内容基本符合大纲要求
	2. 教学内容	概念、理论阐述准确；教学内容丰富，信息量大，能注意介绍新技术、新理论	在教学中注意对概念、理论的讲授
	3. 重点难点	重点突出，详略得当	对重点、难点有侧重
	4. 结构安排	教学组织安排科学、合理，教学内容熟练	教学组织安排基本合理
	5. 教材选用	选用符合教学大纲的优秀教材	有相关教材
（二）教学方法与手段	6. 教学方法	采用启发式等教学方法，注重师生交流，培养学生创新精神与自主学习能力	采用一定教学方法进行教学
	7. 现代化教学手段	恰当运用现代化信息技术和优秀课件进行教学	能运用现代化信息技术和课件进行教学
	8. 教学语言	语言流畅，表达清楚，板书工整、清晰	能清楚表达教学内容，有板书
（三）教学态度	9. 课前准备	备课认真，教案、课件准备充分	有教案
	10. 教书育人	严格要求学生，耐心辅导答疑，教风严谨，尽职尽责，教书育人	能要求学生，对工作负责
（四）教学效果	11. 课堂效果	学生出勤率高，能调动学生学习积极性，课堂气氛活跃	学生出勤率较高，课堂气氛一般
	12. 成绩考核	考试成绩分布合理	考试成绩分布基本合理

说明：1. 本标准给出了 A、C 两级标准，介于 A、C 级之间的为 B 级，达不到 C 级的为 D 级。

参考文献

[1] J. D. Brown. The Elements of Language Curriculum [M]. 北京：外语教育与研究出版社，2001.

[2] Doyle W. Curriculum and Pedagogy，Handbook of Research on Curriculum [M]. New York：Macmillan，1992.

[3] J. C. Richards. Curriculum Development in Language Teaching [M]. 北京：外语教学与研究出版社，2008.

[4] Kathleen Graves. Designing Language Courses—— A Guide for Teachers [M]. 北京：外语教学与研究出版社，2005.

[5] Posner，G Course Design：A Guide to Teacher [M]. London：Longman Press，1994.

[6] 高志敏. 终身教育、终身学习与学习化社会 [M]. 上海：华东师范大学出版社，2005.

[7] 郝德永. 课程研制方法论 [M]. 北京：教育科学出版社，2000.

[8] 施良方. 课程理论——课程的基础、原理和问题 [M]. 北京：教育科学出版社，1996.

[9] 泰勒. 课程与教学的基本原理 [M]. 施良方，译. 北京：人民教育出版社，1994.

[10] 夏纪梅. 现代外语课程设计理论与实践 [M]. 上海：上海外语教育出版社，2003.

[11] 张华. 课程与教学论 [M]. 上海：上海教育出版社，2000.

[12] 张祖忻. 教学设计——基本原理与方法 [M]. 上海：上海外语教育出版社，1992.

第二章

教育教学理论指导下的少数民族预科英语教学

第一节　建构主义理论与少数民族预科英语教学

随着心理学家对人类学习过程认知规律研究的不断深入，认知学习理论的一个重要分支——建构主义学习理论逐渐流行。

一、建构主义的发展历史

建构主义（constructivism）也译作结构主义，其最早的提出者是瑞士认知发展领域最有影响的心理学家皮亚杰（J. Piaget）。他认为，儿童是在与周围环境相互作用的过程中逐步建构起关于外部世界的知识，从而使自身认知结构得到发展。皮亚杰的理论充满唯物辩证法，他坚持从内因和外因相互作用的观点来研究儿童的认知发展。由于个体的认知发展与学习过程密切相关，因此利用建构主义可以比较好地说明人类学习过程的认知规律，即，学习如何发生、意义如何建构、概念如何形成，以及理想的学习环境应包含哪些主要因素等。

二、建构主义理论概述

建构主义作为认知学习理论的新发展，是目前世界范围内日渐流行的学习理论，它为“以学生为中心”的教学模式，培养学生自主学习的能力提供了理论基础：近几十年，由于多媒体计算机和基于 Internet 的网络通信技术所具有的多种特性特别适合于实现建构主义学习环境，更有效地促进学生的认知发展，建构主义学习理论正愈来愈显示出其强大的生命力，并产生着越来越大的影响。

（一）建构主义的知识观

建构主义认为：知识不是对现实的纯粹客观反映，它是人们对客观世界的一种解释、假设或假说，将随着人们认识的深入而不断变革和升华。在具体问题的解决过程中，要针对具体问题的情境，对原有知识进行再加工和再创造。此外，尽管很多知识已获得了较为普遍的认同，但这并不意味着学习者对知识有同样的理解，真正的理解只能是由学习者自身基于自己的经验而自我建构；由于不同学习者的理解角度和理解能力不同，知识就有很大的灵活性。

显而易见，建构主义的知识观是传统课程和教学理论的巨大挑战。所以，现代教学不能把知识作为预先确定了的东西教给学生，学生接受新知识只能凭借他自己进行分析、理解、整合和吸收。

（二）建构主义的学习观

建构主义理论认为，学习过程不是被动地接受信息和刺激的过程，而是主动建构的过程。学习者根据自己的经验背景，对外来信息进行主动加工和处理，从而获得自己的意义。在某种意义上说，学习过程中因为新知识经验的进入，使得学习者原有知识发生调整和改变。

人与环境的相互作用涉及两个基本过程："同化"与"顺应"。

同化是指把外部环境中的有关信息吸收进来并结合到学习者已有的认知结构中，即个体把外界刺激所提供的信息整合到自己原有认知结构内的过程。

顺应是指外部环境发生变化，而原有认知结构无法同化新环境提供的信息时所引起的学习者认知结构发生重组与改造的过程，即个体的认知结构因外部的刺激和影响而发生改变的过程。

可见，同化是认知结构数量的扩充，是认知结构的量变；而顺应则是认知结构性质的改变，是认知结构的质变。认知个体通过同化与顺应这两种形式来达到与周围环境的平衡。个体的认知结构就是通过同化与顺应过程逐步建构起来，并在"平衡—不平衡—新的平衡"的循环中得到不断的丰富、提高和发展。

（三）建构主义的教学观

建构主义的教学观具体表现在教师和学生角色及其作用的巨大改变上。建构主义学习理论强调以学生为中心，认为学生是认知的主体，是知识意义的主动建构者；教师只对学生的意义建构起帮助和促进作用，而不是直接向学生传授和灌输知识。可见在建构主义提倡的学习环境中，教师和学生的地位、作用和传统教学相比已发生很大的变化。

三、建构主义学习环境下的教学模式

建构主义理论强调以学生为中心，提倡学习者应由外部刺激的被动接受者和知识的灌输对象转变为信息加工的主体、知识意义的主动建构者；要求教师要由知识的传授者、灌输者转变为学生主动建构意义的帮助者、促进者。这就意味着教师应当在教学过程中彻底摒弃以教师为中心、把学生当作知识灌输对象的传统教学模式，设计与建构主义学习环境相适应的教学模式、教学方法和教学设计思想。

建构主义学习环境包含情境、协作、会话和意义建构等四大要素。建构主义学习理论以及建构主义学习环境相适应的教学模式为：以学生为中心，在整个教学过程中由教师起组织者、指导者、帮助者和促进者的作用，利用情境、协作、会话等学习环境要素充分发挥学生的主动性、积极性和首创精神，最终达到使学生有效地实现对当前所学知识的意义建构的目的。在这种模式中，学生是知识意义的主动建构者；教师是教学过程的组织者、指导者，意义建构的帮助者、促进者；教材所提供的知识不再是教师传授的内容，而是学生主动建构意义的对象；媒体也不再是帮助教师传授知识的手段、方法，而是用来创设情境、进行协作学习和会话交流，即作为学生主动学习、协作式探索的认知工具。

由此可见，建构主义学习环境中，教师、学生、教材和媒体等四要素与传统教学的相比，各自有完全不同的作用，彼此之间有完全不同的关系，构成教学活动进程的另外一种稳定结构形式，即建构主义学习环境下的教学模式。

四、建构主义与现代教学理论的一致关系

随着时代的发展和进步，现代教育观已形成。主要包括以下几

个方面：

（一）人才观

现代信息社会需要的，既不是模仿型人才，更不是知识型人才，而是创新型人才。创新是灵魂，现代人才必须是勇于创新、具有强烈的创新意识和创新能力的人。

（二）教师观与学生观

现代教师在教学过程起主导作用，引导学生学习问题，解决问题，教给学生学习的策略，是学生学习的帮助者。

学生是教学过程的主体，是一切教学活动的出发点和归宿，在给学生传授知识之余，最重要的是在这些知识的基础上培养学生的综合能力与创新意识。

（三）教学观

教学过程包括教的过程与学的过程，教的过程服务于学的过程，教是外因，学是内因，只有科学地设计外部环境，使其适应学习的内部过程，学习才能顺利而快速地发生。

充分调动内部因素。引导学生积极参与、探索、思考，培养发现问题、解决问题的能力，才能逐步培养其创新意识，进而培养其创新能力。

显而易见，建构主义教学理论与现代教育思想和理念高度一致，两者均体现了以人为本、以学生为中心，以能力和素质培养为导向的教学观。

五、建构主义学习环境下的预科英语教学设计原则

语言教学应遵循以学生为中心、以能力培养为目标的教育原则，

这是国内外语言教育工作者的共识。少数民族预科英语教学中也要重视学生的主导地位，将以传授和灌输知识为主的传统教育模式改为以能力和素质培养为主的教育模式，关注学生的情感，鼓励学生带着自己的兴趣、心理需求和个人经验去体验和学习，教师应注重引导帮助学生学会学习，学会独立思考和处理问题，学会调节自我以适应不同的文化情景和社会环境，主动探求钻研所需的知识、技能和策略以应付各种挑战。

我们认为，建构主义学习环境下的预科英语教学设计应遵循以下四个原则。

（一）坚持“以学生为中心”的教学方针

可以从三个方面努力体现以学生为中心的原则：

1. 在学习过程中充分发挥学生的主动性，设计教学时应充分体现学生的参与性和互动性，给学生思考、体验、表达和讨论的时间和空间；

2. 设计教学时应充分体现学生的实践性，如：设计不同的生活场景，让学生有机会在不同的情境下去运用他们所学的英语知识，通过角色扮演、模拟对话等，将知识“外化”；

3. 设计教学时留给学生独立思考和反思的余地，例如，将与课本内容相关的社会热点问题引入课堂，通过协作式和讨论式的学习形式，让学生能根据自身行动的反馈信息来形成对客观事物的认识和提出解决实际问题的方案。

（二）发挥“情境”对意义建构的重要作用

建构主义认为，学习总是与一定的社会文化背景，即“情境”相联系的，在实际情境下进行学习，可以使学习者能利用自己原有认知结构中的有关经验去同化和顺应当前学习到的新知识，从而赋予新知识以某种意义。

教师可通过设计“任务教学法”或“基于项目的学习法”等，将学生置身于社会生活的背景中去学习、吸收新知识。例如：指导学生用英语作为媒介开展问卷调查、访谈、项目设计或生活翻译等。

（三）强化“协作学习”对意义建构的关键作用

建构主义认为，学习者与周围环境的交互作用对于知识意义的建构起着关键性的作用。这是建构主义的核心概念之一。

在教师的组织和引导下，学生们建立学习群体或学习小组，通过协作学习环境，学会倾听不同见解、学会表述个人立场、学会据理力争、学会为了团队的利益去妥协和让步，学会共享学习者群体的思维与智慧，最终完成整个学习群体对所学知识的意义建构。

（四）重视对学习环境（而非教学环境）的设计

建构主义认为，学习环境是学习者可以在其中进行自由探索和自主学习的场所，是一个支持和促进学习的场所。理想的学习环境中，学生可以利用各种工具和信息资源（如文字材料、书籍、音像资料、CAI 与多媒体课件以及网络上的信息等）来达到自己的学习目标，而且在这一过程中，学生们不仅能得到教师的帮助与支持，而且学生之间也可以相互协作和相互支持。

近年来，随着多媒体和基于互联网的现代化通信技术的迅猛发展，各个预科培养院校的英语教学条件也得到很大的改善，因此，理想的建构主义学习环境的设计也变得越来越具有可行性和可操作性，特别是基于网络的自主学习模式以其学习资源的丰富性、展示形式的多样性、学习时间和空间的灵活性，为少数民族预科生创设了一种“以人为本”为理念、以“个性化学习”为特质的建构主义学习环境。

六、结语

建构主义教学理论的精髓是以学生为中心的理论，预科英语教师应在深刻理解建构主义教学理论的基础上，将其充分运用到教学实践中，不断探索，大胆改变传统教学模式，实践有助于实现学生知识建构的教学方法，如：合作式学习、交互式学习、情景性学习、探索性学习、自主性学习、任务教学法等，注重培养学生的自主学习能力和语言应用能力，使英语课堂变成知识建构的场所，使学生的知识得到进一步扩展，思维空间得到进一步拓宽，综合能力得到进一步加强，自主学习能力得到不断提高。

可以说，建构主义理论为预科英语教学提供了一个富有启发性的思想平台，使我们可以建构起不同的教学理论和教学方法，从而为预科英语教学改革展示了更宽广的思路和前景。

第二节　人本主义理论与少数民族预科英语教学

人本主义是20世纪50年代末60年代初在美国兴起的一种反对行为主义倾向的心理学流派，其主要代表人物有马斯洛、罗杰斯、凯利等。人本主义心理学家把他们的理论观点扩展到教育教学领域，形成了独具风格的人本主义教学观。他们认为，教育目标是培养能够适应变化的、知道如何学习的、个性充分发展的人。这个教育目标既包括知识教育和认识能力发展的教育目标，也包括情感发展的教育目标。

一、人本主义的教育观

（一）强调学生的主体地位

人本主义心理学家强调在教育教学过程中应重视学生的认知、情感、兴趣、动机、潜能等内心世界的研究，尊重每一个学生的独立人格，保护学生的自尊心，帮助每个学生充分挖掘自身潜能、发展个性和实现自身的价值。

首先，教学中要以学生为中心，重视学生的内在动机与需要，选择适当的教学内容，激发学生的学习动机。因为当学生发现所学习的内容与其学习目的相联系时，他们的学习兴趣会更浓，学习积极性会更高，学习效率会提高，理解能力和记忆能力会增强，最终达到最佳学习状态，并把学习本身当成一种享受。这才是真正的理想学习状态。

其次，要发挥学生的主体性，教师应成为学生学习的促进者、鼓励者、帮助者和合作者。传统教育只把学生当成接受器，无视学生对知识的理解与应用情况，直接导致了机械性的教学模式。人本主义认为，恰当的教育过程应关心学生的发展与健康成长，把学生的大脑看成是一个加工厂，指导学生掌握学习知识的方法。这样，个体的学习活动才能一直持续下去，才能为其终身学习与自主发展奠定坚实的基础。

（二）强调认知与情感相结合的教学

传统教育，尤其是应试型教育，过分看重学生的学习成绩。过多强调基本技能训练，而对学生内心的感受、态度、判断能力、审美能力以及交际能力几乎很少涉及。人本主义理论认识到，在充满竞争与变化的世界里，个人若不能掌握一定的基本技能，自我的成长与发展会很困难。因此，要重视学生个体的认知发展，但更重要的是，要同时看到学生是会思考、有感情、具有独立人格的个体，学习如果不带有情感色彩，那就成为无意义的学习，成为失去人性化的学习，罗杰斯称其为现代教育的悲剧。

因此教师应当公开、坦诚、充满信任地接触每一个学生，听取学生的意见，体验学生情感的变化，尊重学生的个性，发挥学生的创造性，让学生感受到教师对他们的信任与尊重。这样的学习活动才是愉快的、有效的。

反观我国的英语学习状况，尽管学习时间较长，但学习效果并不佳，这一定程度上反映出我们的英语教学较少涉及学生的态度、情感以及实际生活，只涉及纯粹的心智活动，因而学生不会全身心投入这种学习中，学习效果自然不好。如果学生能带着个人情感全身心投入地学习，就能感受到学习的乐趣，学生学习的积极性、主动性被激发出来了，学习效率就会提高。

（三）强调学生个性化的评价

传统的学校教育只通过几门成绩来评价学生，忽略了学生的个体差异性，这对学生个体来说是不公平的，不利于学生的发展。人本主义心理学家认为，学生是一个独立自主的个体，学生的发展、成长应与他自己相比较，看他是否比以前有进步。家长和教师在考虑到学生个体差异的同时，应依据一定教学内容，给学生一个客观公正的个性化评价，使学生审视自己有没有达到预定的目标，反思今后应怎样努力，并掌握正确的自我评价方法，提高学习的自觉性，成为学习的主人。

当前，我国很多地区的大中小学应试教育还很普遍，仅以学生的成绩高低评价学生的好坏，给学生、教师以及教学模式带来负面影响。人本主义提倡积极推进学生评价方法与方式的改革。教师可从学生个人的实际情况出发，依据一定的标准进行评价，可以进行横向评价，也可以进行纵向评价。教师可以针对不同学生的特点来安排教学内容，从而促进每一个学生都能在自己原有的基础上有所进步。

（四）强调情感化的师生关系

人本主义心理学家认为，人类随着自我的形成产生了希望得到他人关爱的需要，每一个个体都渴望从周围人那里感受到温暖、关爱、同情、尊敬和认可等。人性化的教育必须以融洽的师生关系为前提，教师需要有真诚的感情，对学生信任、理解、关心和无条件地关注学生的身心健康、尊重学生的情感、欣赏赞扬学生的优点等，这样师生之间才能建立起和谐融洽的关系。这种关系能够满足学生渴望关爱的心理需要，从而促进学生自发、愉快、积极地学习，学生的想像力和创造力也将得到充分发挥。

但在传统教育中，教师是知识的化身，是科学真理的拥有者，教师教知识，学生学知识，教师是无可争辩的专家和权威；学生是客体，是被动学习者。在这种关系中，教师管理学生过于严格，忽视学生的尊严和情感需求，常常会引起学生对教师的不满情绪，甚至敌意，致使许多学生在这种师生关系中压抑真实的自我，易形成双重人格，导致教育的失败。

二、人本主义理论指导下的英语教学原则

教学是由学生、教师、教材、教学方法、教学氛围、教学环境等要素构成的，所有教学活动都是在多种要素的互相联系与制约中展开的。要想获得一个理想的教学效果，就必须对教师的教学操作制订一些基本规定，这就是教学原则。教学原则是教师进行教学工作必须遵循的基本要求与指导原理。

人本主义理论指导下的英语教学原则应体现以人为本，全面发展的原则，重视学生的认知、情感、兴趣、动机以及潜能的发挥，建立和谐、平等的师生关系，并重视意义学习，使学生的学习充满乐趣。

具体来说，少数民族预科英语教学应遵循以下几条原则：

（一）学生主体原则

实现以学生为主体，核心是彻底打破“教师中心论”，把学生的主体地位还给学生，使学生真正成为课堂的主人、学习的主人和发展的主人，必须明确学生是教学设计的出发点和归宿，教学中要创设以学生为中心的教学活动，如讨论、角色扮演、辩论、情景对话等任务型教学法、情景教学法以及合作学习模式等，使学生始终处于主体地位。激励、引导组内、班内同学之间的讨论、探究与争论，同时给予学生及时的、耐心的指导、引导与辅导，积极鼓励、引导学生的个性化和创造性学习与发展。

（二）学习策略指导原则

学习策略指导原则是指教学中必须重视学习方法的指导，使学生学会学习，它是对学生主体原则的补充。在国外，现代教育改革

的一个重要特点就是教会学生学习，这已成为当代世界性教育改革的一个共同的主题。外语教学中应努力把学生培养成为策略型学习者，教师应重视将外语学习策略介绍给学生，如：

1. 元认知策略（metacognitive strategies）：包括提前准备、集中注意、选择注意、自我管理、事先练习、自我监控、延迟表达、掌握评价等。

2. 认知策略（cognitive strategies）：包括重复、利用目标语资源、利用身体语言、翻译、归类、记笔记、演绎、重新组织、利用视觉形象和声音、利用关键词、利用语境、拓展、迁移等。

3. 情感策略（affective strategies）：包括协作、提问与澄清等。

应将策略训练纳入教学程序并贯穿于教学活动之中，培养学生自主学习的能力。

（三）愉悦和谐原则

传统外语教学中，师生关系不民主、不平等，人本主义理论提倡为学生营造良好、和谐、愉快的学习心理氛围，因为学生的学习过程始终都伴随着心理因素，愉悦和谐教学原则为学生发展奠定心理基础、情感基础。营造愉悦和谐的教学氛围可通过以下方式进行：

1. 教师应研究教学内容，挖掘其中的兴趣因素，寓教于乐。

2. 应注重组织丰富多彩的语言实践活动，调动学生的学习兴趣。

3. 应以平等、友善的态度对待每一位学生，避免随意批评学生，更不允许讽刺、挖苦、训斥学生。

落实“愉悦和谐”教学原则，目的在于营造一个民主、平等、和谐的师生关系，使学生在轻松、愉悦的心理氛围中主动学习、自主发展。

（四）鼓励创新原则

人本主义教育理论提倡受教育者的全面发展和个性发展，而在个性化发展中，重点是创新精神和创新能力的发展。因此，要努力培养学生的发散思维、求异思维、创造思维，鼓励与引导学生的创新性学习，这就要求把创造性教学作为一条重要教学原则。

教师在组织教学时应注重对学生观察力、记忆力、想象力、思维力等的培养，注重创造思维过程教学；创造技法的训练与发展，爱护、鼓励学生的新思路、新方法和新答案，为培养创造思维奠定基础。

英语教学中可采用“提问式导入讲解”的方式训练学生的创新性思维，具体可运用引导式、分析式、推理式、归纳式、卷入式、评价式等提问方法，将语言活动与理解、判断、释疑、思考、感受、辨理等思维活动联系起来，鼓励学生对社会上的常人、常事、常理进行个性化的思索和判断，提高创新思维能力。

坚持“鼓励创新”教学原则，旨在培养与发展学生的创造能力与创新精神，其教学的核心是培养学生的创造心理品质和创造思维品质。

（五）全面发展原则

在传统的教学原则体系里，最缺少的是实现全面发展的教学要求。人本主义注重学习者的全面发展。教师在组织每一节课时，都应将学生多种能力的培养考虑进去，如：

1. 努力挖掘教材的德育要素，注重思想品德养成教育的实效性；

2. 努力捕捉心理素质培养的时机，恰到好处地培养学生良好的心理品质；

3. 注重与本节课知识相应的能力训练，如，听、说、读、写、译能力的训练；

4. 注重学科之间知识与能力的迁移，结合课文内容旁征博引，拓宽学生的知识面；

5. 注重学生合作精神和交际能力的培养等。

落实“全面发展”教学原则，关键在于从根本上克服以知识为中心的教学模式，把全面发展的素质教育放在突出的地位。

三、结语

综上所述，人本主义教育从教育的培养目标、教育教学的原则和教学方法等方面强调以人为本，主张人的全面发展，重视学生的认知、情感、兴趣、动机以及潜能的发挥，把学生看成学习的主人，教师是激发学生学习的促进者、指导者。同时，人本主义教育强调师生关系和谐、平等，并重视意义学习，使学生的学习充满乐趣。

有教育学者认为，当代人本主义教育已成为当今教育之主流，未来教育之趋势。在教育教学内容上，人本主义教育主张不仅要重视德育、美育、体育，而且要重视学生的情感和意志的培养教育；在教育教学方法上，主张坚持学生的主体地位，采用多样化的教学方法。人本主义的这些观点与当今外语界提倡的“以人为本”“以学生为中心”“以能力培养为目标”的教育理念不谋而合，对少数民族预科英语教学有很好的启示意义。

第三节 社会建构主义理论与少数民族预科英语教学

一、概述

目前，国内外语言教育工作者已达成共识，认为语言教学应充分体现“以学生为中心”“以能力培养为目标”的教育原则，重视学生的主导地位，将以传授和灌输知识为主的教育模式改变为以能力和素质培养为主的教育模式，关注学生的情感，鼓励学生带着自己的兴趣、心理需求和个人经验去体验和学习，把权利赋予学生，帮助学生学会学习（learning to learn），学会独立思考和处理问题，学会调节自我以适应不同的文化情景和社会环境，主动探求钻研所需的知识、技能和策略以应付各种挑战。

这种现代语言教育观在一个新兴的教育心理学理论——社会建构主义（social constructivism）中得到诠释和论证。本节将介绍社会建构主义理论的主要观点，并阐述该理论对少数民族预科英语教学的启示和指导意义。

二、社会建构主义心理学理论的主要内容

“社会建构主义”的核心内容是：人的知识是由个人建构的，而不是由他人传递的；这种建构发生在与他人交往的环境中，是社会（这里的“社会”指的不是与政治、经济密切相关的宏观意义上的社会，而是指“人与人之间相互交流的”微观意义上的社会）互动

的结果；社会建构主义学说确认了学生、教师、任务、环境四个方面对学习过程的影响，其中“学生”作为知识建构的主体处在中心位置，而“教师、任务、环境”则构成学习的中介因素和外围环境。

（一）社会建构主义的学习观

“社会建构主义”理论认为学生在学习过程中处于核心地位，学生的主体作用主要体现在以下几个方面：

1. 个体学习者总是把自己的知识和经验带入学习中，因此学习的本质是一个具有个性化、个人化的过程，没有任何两个人会用完全一样的方法学习。

2. 学习者主动参与所给信息的诠释与理解，尽管这种过程有时是无意识的。教师为学生提供的信息是否能被学生接受并促进其知识的发展是不可预测的，因为学生各自有选择地学习和吸收他们自己认为有价值的内容，学习结果必然也是因人而异的。

3. 对所发生事情的个人控制感是使人产生并保持行为动机的一个重要因素。这就是所谓的“控制点”（locus of control）理论。控制点是指一个人对所发生事件是否有控制能力的自我认识。一些人对所发生的一切都抱有责任感，他们是“内控者”（internaliser），另一些人认为发生的事情都是外力的作用，不在自己的控制能力内，这些人属于“外控者”（externaliser），持内控观的学生总是积极寻找并利用各种信息以解决问题，表现出强烈的探索欲望和高涨的求知热情，而持外控观的学生则缺乏探索精神，学习态度消极，遇到挫折后总是怨天尤人。大部分人处于两者之间。当学习者感到对自己的学习有控制力时会获得更好的学习效果。因此，学习者应当自己选择学习方法，自己设定学习目标，这样有助于培养学习过程中的责任感和自控能力。

4. 学习者的自我概念（self - concept）对其学习行为产生着重要的影响。自我概念是人们对自我感知和自我认识的统称。人们自幼就开始发展自我意识，这种意识往往是通过与周围人的比较或从别人对自己的评价中逐渐形成的。如果一个语言学习者觉得别人（主要包括老师或同学）对自己的评价不高，就会逐渐形成消极负面的自我概念，他（她）就会在语言学习中表现得羞怯畏缩，缺乏自信心和积极进取的精神。

（二）社会建构主义的教学观

1. 建构主义理论认为支配人们行为的经常是一些经过自我构建的、并已内化于心灵深处的东西，它们往往是难以言表的，有时甚至是不为自己所意识的。教师的教学观和教学态度始终在深深地影响着他们的课堂活动。

换言之，教师的课堂行为和言语反映其教学观和教学态度。例如，教师甲认为外语教学的目标是掌握语言技能以帮助学生通过考试，而教师乙则认为外语学习是一个终身过程，有着广泛的社会和教育涵义，对外语学习目的的不同认识会导致两位老师采用完全不同的教学思路和方法。教师应对自己的教学认识、教学观念、教学态度有自觉的意识，做一个“反思性从业者”（reflective practitioner），对自己的行为不断加以监视，审视自己的教学观和信念。

2. 建构主义理论认为教师在教学中应起到中介（mediation）作用。所谓中介作用就是使用“工具”帮助学生解决问题和达到目标。对于外语教师而言，最重要的工具就是语言。教师应注意使用恰当的语言来引导、启发和鼓励学生，并经常性地给他们提供反馈意见，帮助他们达到更高的认知水平，更好地完成学习任务。教师的中介作用主要体现在以下几个方面：

（1）教师应使学生认识到某个特定学习任务的意义（significance），让他们理解该活动对学习者本人以及对社会的价值，并引导学生超越当前的目的（purpose beyond here and now），了解其更深远的意义。

（2）教师应帮助学生学会独立思考和处理问题，锻炼他们对学习的自我控制能力，提高自信心。具体可从以下几个方面入手：

树立胜任感（A sense of competence），使学生感到自己能完成学习任务。

增强对自己行为的控制能力（Control of own behavior），使学生学会控制和规范自己的学习行为。

确定目标（Goal - setting），引导学生自己制定近期和远期可以实现的学习目标。

寻求挑战（Challenge），鼓励学生迎接挑战，并主动寻求挑战。

认识变化（Awareness of change），使他们认识到人是不断发展和变化的，自己应学会对自身的发展和变化进行认识和评价。

相信积极的结果（A belief in positive outcomes），使学生相信遇到问题并不可怕，只要努力，最终一定能找到解决问题的方法。

（3）促进学生的社会能力发展。使学生学会共享（sharing），让他们懂得合作往往可以使问题得到更好的解决；注意培养学生的归属感（a sense of belonging），使他们感觉到自己属于一个团体和一种文化；同时鼓励学生保持和发扬自己的个性（individuality）和独特性（uniqueness）。

（三）社会建构主义的任务观

在语言教学中，“任务”泛指课堂内外为推进语言学习过程而要求学生所做的任何事情。“社会建构主义”借鉴并发展了有关“任务教学法”的各种语言教学理论，提出了社会建构主义理论的“任务”教育学观：

1. 任务的内容和方式反映一定的教学理论和观念，是任务布置者教学理念的体现，教师应审慎选择、修改、布置任务，把自己的教育教学思想通过任务加以实践和发展，并进行认真的反思。

2. 教师在任务教学中的中介作用至关重要，如果一位教师仅仅设计或找到某种具有创新性的任务，但在布置任务时没有注意激发和培养学生的自信心、成就感、自控力等，没有起到中介作用，任务的完成很有可能不会令人满意。

3. 让学生理解任务是非常重要的，根据建构主义的观点，学习者会对任务的意义进行自我建构，产生对任务的独特理解和情感，学习者对任务的不同反应可以为教师识别学习者的需求和认知特点，进而为调整、改进学习活动提供非常宝贵的信息。

社会建构主义理论认为，任务是实现教师和学生互动的枢纽（pivotal），是师生之间相互表明态度和交流信息的重要渠道（vehicle）。在语言教学中，人们关注的往往是任务的设计和任务设计的理论基础，但是经常容易忽视的一点是，对同一任务的理解会因人而异，这就意味着教师对任务的布置方法和学生对任务的执行方式也是多种多样的。该理论提出，对任务的布置和执行方式进行研究和评估也应受到同样的重视。

（四）社会建构主义的环境观

根据社会建构主义理论，环境是一个宽泛的概念，最直接的是课堂、学校和家庭等微观环境；间接环境包括社会文化和教育背景等宏观环境；从形态上看，有物理环境，语言环境，还有人际关系等心理环境。该理论与其他许多语言教学理论一样，认为各种环境对学习都产生重要的影响，不同的是，它更强调环境的间接影响；认为对学习过程和学习结果真正起作用的与其说是环境本身，不如说是学习者对该环境的个人感知和理解。课堂的物理环境、语言环境以及学生之间、师生之间的人际关系等心理环境的确是学习中的促进因素，但关键还要看学生如何主观看待和理解这些因素的涵义。在一个教师自认为有利于学习的环境中，不同的学生会有不同的感受，继而产生不同的影响和结果。调查表明，对环境的正面感受对学习成绩和学习态度有积极影响。

三、社会建构主义理论形成的其他心理学理论基础

社会建构主义理论的形成主要建立在以下几个重要的教育心理学理论基础上：行为主义（behaviorism）、人本主义（humanism）、信息加工理论（information processing theory）、建构主义（constructivism）和社会互动理论（social interaction theory）。下面将对这几种心理学理论做一简单介绍，以便对社会建构主义的理论基础和创新性有一个更深刻的了解。

（一）行为主义

基于动物的条件反射理论。认为个体对外部刺激会做出反应，随后的刺激强化作用（reinforcement）将影响这种反应行为重复发生

的可能性。行为主义对语言教学产生过重大的影响，以结构操练和记忆对话为特征的听说法教学就是行为主义的产物。行为主义的局限性在于，只关心可观察到的反应行为，忽视了学习者的心理感受和心理反应。

（二）人本主义

强调人的内心世界的重要性，将人的愿望、情感和情绪置于其整个心理发展的首要地位，重视人的情感因素在学习中的重要性，提倡为学习者提供安全、宽松、民主的学习环境，减少压力和焦虑；主张教育是包括认知和情感在内的“全人教育”（whole - person education）。英语教学史上出现过的默教法、暗示法、社团学习法等都体现了人本主义的教育思想。

（三）信息加工理论

属于认知心理学的一个分支，关注人们在学习中接收、处理和运用信息的过程，学习者的注意力（attention）、记忆力（memory）、感知力（perception）是该理论的研究重点。但该理论未将人的情感因素纳入发展认知能力的范畴。

（四）建构主义

属于认知发展心理学，认为人总是将个人意义带入自己的认知世界。其代表人物皮亚杰（Piaget）提出，人一出生就开始积极地从自身经验中建构自己对世界的看法，人们学会认识世界是个人经验的直接结果。学习不是被动地接受信息，而是主动建构，是学习者根据自己的经验背景对外来信息进行主动加工和处理，从而获得自己的意义和理解。该理论确立了学习者是意义的主动建构者，在学习过程中发挥主体作用。“建构主义”理论的局限性表现在以下两点：第一，过分强调自然发展和个人经验，一定程度上轻视教育的作用。第二，过分强调个人发展，忽视社会环境的作用。

（五）社会互动理论

认为人一出生就步入了一个人际交往的世界，一切学习活动和能力发展都发生在与他人交往和互动的过程中。该理论的代表人物 R. Fuerstein（1980）和 L. Vygotsky（1962，1978）都研究并论述了儿童学习过程中周围成年人发挥的重要的中介作用。他们认为这种中介作用主要是通过语言交流过程中的"互动"进行的。

从以上介绍的几种教育心理学理论中我们不难发现，社会建构理论既吸收了人本主义、信息加工理论和建构主义的思想：人的因素在学习过程中起核心主导作用；也借鉴了行为主义和社会互动理论观点：社会环境因素对学习过程产生着重要的影响。该理论博采众长，提出了一个更客观、更全面的教育心理学观点。

四、社会建构主义理论对预科英语教学的指导意义

社会建构主义理论对英语教学的启示和指导意义主要体现在以下几个方面：

1. 语言学习者在学习过程中始终在积极地建构语言输入和任务的个人意义，教师应设计适合学习者认知水平的、旨在激发学习者的主观能动性的教学内容和活动，以帮助和促进这种建构过程。

2. 个体的认知能力、思维方式、社会经验深刻影响着教与学的过程和结果，他们会主动地决定哪些内容是对自己具有意义的；教师和学生都会受个人观念和情感的影响对课程、大纲、教学内容等形成各自的理解。由于这种理解上的差异，以及学习和教授方式的

不同，现成的大纲、教材、任务等并不能带来同样的教学方法和教学结果。

3. 教师不应仅仅满足于传授语言知识，还要利用外语实现上文提到的各种中介作用，为学习者创造良好的心理环境，帮助他们发展自我控制学习行为的意识和能力、增强自信心；接受学生自己对学习的理解，鼓励学生在学习过程中的自我选择和自我责任感，实践以学习者的认知和情感为出发点的“全人教育”；切忌一味地将知识强加于学习者而不考虑他们的主观因素。

4. 教师的信念比具备的知识更能影响其教学行为，一些看似自发的、或无意识的行为实际反映了隐含在内心深处的教学观，因此，教师应不断监视和检查自己的教学行为以便更好地了解自己的信念体系，并不断反思自己的教学行为是否反映了自己的教学观，树立“终身学习者”的观念。

5. 英语教学中的任务设计不应停留在语言习得的层面上，而应考虑学习者的背景经验和现实处境，创设符合教学内容要求的情境帮助学生建构所学知识的意义，以发展学生的认知能力和社会能力为目的，要具有教育价值。

6. 教师应通过观察学习者对“任务”的不同反应来了解学习者的情感需求和认知需求，进而及时调整和改进课堂教学活动。

7. 为了使意义建构更有效，教师应尽可能地创造条件组织协作式学习，开展讨论与交流，并对协作式学习过程进行引导，使之朝有利于意义建构的方向发展，引导的方法包括：提出具有启发性的问题引起学生的思考和讨论；在讨论过程中设法把需要解决的问题一步步地引入，诱导学生自己去发现规律、自己去纠正错误。

五、结语

21 世纪教育的职能已经发生重大的变革，以传授知识为主的传统职能观正逐渐向能力培养的现代职能观转变；教育的重点已从知识的获取转向创新能力、应变能力以及合作能力的培养。教育部早在 21 世纪初下发的《关于实施“新世纪高等教育改革工程”的通知》中提出，高等学校应加强素质教育，培养具有创新精神、实践能力和创业精神的高素质人才，要求各院校在人才培养模式、课程设计、教学内容以及教学方法等方面进行改革研究和实践。

本书所讨论的教育心理学理论社会建构主义在很多方面体现了“以人为本”的现代教育理念，对少数民族预科英语教育工作者有很多有益的启示。

第四节　教育的“四大支柱”与少数民族预科英语教学

一、教育四大支柱的内涵

教育的四大支柱是“国际 21 世纪教育委员会”于 1996 年向联合国教科文组织提交的一份报告中的核心内容。该报告是“国际 21 世纪教育委员会”根据现代社会面对的矛盾和未来教育面临的挑战，经过 15 名来自各国的权威专家 3 年多的研究而提出的。报告的内容涵盖了未来教育改革和发展的各个方面，提出了迎接挑战的对策，由于其观点之新颖和深刻，被教育界称为是“里程碑性的教育文献”，是教育领域的经典之作。该报告提出了“教育四大支柱”的新构想，认为要适应未来社会的发展，教育必须围绕四种基本学习能力来重新设计、重新组织。这四种学习能力是：

学会认知（learning to know）：使学生学会如何学习，即掌握认知的手段，而不在于知识本身。

学会做事（learning to do）：使学生具有在一定的环境中工作的能力，这种能力包括如何对待困难、解决冲突、组织管理和承担风险等多方面的综合能力。

学会共同生活（learning to live together）：使学生学会设身处地去理解他人，从而消除彼此间的隔阂、偏见与敌对情绪，和周围人群友好相处，并且培养学生从小就具有为实现共同的目标与计划而团结合作的精神。

学会生存（learning to be）：为适应社会的迅速变革与发展，使学生学会掌握自己命运所需的基本能力，即思考、判断、想象、表达、情绪控制和社会交往等方面的能力。这些能力既是个人为完善自身的个性所需要的，也是作为社会成员发挥自主性和首创精神进行革新与创造的保证。

上述四个方面学习能力的培养，对于塑造年青一代的品德与能力素质以及解决现代社会的基本矛盾有至关重要的意义，因此“国际21世纪教育委员会”在其报告中就把这四种学习能力的培养称之为“教育的四大支柱”。

“教育的四大支柱”是支持现代人在信息时代有效工作、学习和生活的四种最基本的学习能力。由于“四大支柱”强调德育为基础、重视能力的培养、引导学生学会认知、适应社会发展的需求，所以该“报告”在1996年发表后在国际上引起很大反响，并受到国际教育界的普遍重视与欢迎。

二、预科英语教学中四项能力的培养

四大支柱所代表的四种基本能力正是现代教学理论所提倡的培养目标，自然也应当成为外语教学的发展方向。预科英语教学和课堂设计也应以这四种能力的培养为目标。

（一）学会认知（learning to know）

当今世界教育界正经历着一场大的改革和创新，努力降低或消除旧的的教育观念和教学方式带来的弊端，创造出一种崭新的教育观念和教学学习方式，尊重人的主体性、激发人的创造性、相信并注意开发人的潜力、便于人与人交际与合作。在这样一个时代背景下，学会学习、掌握学习的策略自然成为学术界倍受关注的热点问题。

学生在校期间不仅应该增进知识、掌握技能，更应该学会学习，学会管理自己的学习。这就要求每一个学生成为策略型的学习者，从而能对自己一生中在学术性与非学术性情境中的学习承担起全部的责任，并随时对学习进行自我调节，以适应社会发展的需要。

教育理论认为，策略型学习者的特点之一是具有许多不同范畴的知识，这些知识可以分为以下几个范畴。策略型的学习者正是在利用和整合这些知识的基础上达到自己设定的学习目标。

1. 有关自己是一个学习者的知识

策略型的学习者应对自己有一个客观的认识和了解，他们应知道自己在学习方面的长处与短处，了解自己的兴趣、爱好和天赋所在；知道自己的学习风格、学习习惯，能够意识到哪些学习环境对自己有积极或消极的影响等。

2. 有关学习任务的知识

策略型学习者需要具备有关他们必须完成的各种学术任务的知识。这些任务的类型有：阅读课文、听讲座、观看演示、写作文、记笔记、准备测验等。

3. 有关学习策略和研究性学习的知识

运用有效的学习策略和学习技能可以促进信息的获取、整合、组织与储存。这一类型的知识中包含各种各样的过程与方法，它们可以用于组织研究性的学习环境，还可以用于产生并维持动机、激发情感、建构意义等。

目前教育研究者已经总结出的研究性学习策略有：时间管理方法、听课的技巧、阅读的策略、测验的技能、处理学习焦虑的方法等。

认知学习策略包括：产生和维持动机、消除焦虑、激发热情、将新信息与已有信息进行“同化”或“顺应”、利用认知监控注意力、运用理解监控检查理解、利用执行控制策略的组织和协调学习活动等。

4. 有关学习者原有知识的知识

在学习中，学习者原有的知识是学习新知识的起点。策略型的学习者应该能够利用他们的原有知识帮助自己理解新信息。激活原有知识结构，并将新信息同化于其中，在新信息与原有知识结构之间建立联系，从而使新信息获得意义。当新知识无法直接同化于原有的知识结构，这时学习者必须改变自己的知识结构，以便有可能接纳新知识，实现知识的顺应。

5. 有关情境的知识

情境是指与某一事件相关的整个情景、背景或环境。有关情境的知识能帮助学生思考他们将在怎样的情境中应用今天所学习的知识。情境是渗透在任何学习过程和迁移中的潜在影响因素，适宜的情境可以克服学习内容的抽象性，促进知识的理解和记忆；情境还可影响学习者学习的动机、需要、认知准备和情感等因素。

（二）学会做事（learning to do）

学会做事不仅意味着学会动手操作的技能，更重要的是具备一种综合能力，它包括社会行为、合作意识、管理能力、解决问题的能力以及敢于冒险、勇于创新的精神。

约翰·杜威（John Dewey）认为学习不仅仅是为未来的生活做准备，而且应成为生活本身一个不可缺少的一部分。将学习过程与现实社会和真实的生活经历紧密联系起来可以使学习具有开放性、实践性、创新性和挑战性，对提高学习者“学会做事”的能力大有裨益。

笔者认为，将“任务型教学法”（task – based approach）引入在外语教学中是帮助学习者“学会做事”的有效途径。任务型教学作为一种新的教学理念和教学活动方式已逐渐被各国外语教学工作者认识和接受。这一教学理念强调以学生为主体，通过目标语的交际活动，最终完成某项真实的任务。

1. 任务教学法的特点

强调通过交流来学会交际；将真实的语言材料引入学习环境；关注语言的本身，也关注学习的过程；把学习者个人的经历作为课堂学习的重要因素；尽量把课内的语言学习与社会的语言活动结合。任务教学法的许多观点和原则很好地体现了语言习得的规律。使学生处于一种轻松愉快、相对真实的语言环境，有助于学生把所学的知识应用到日常生活中去。

2. 任务型教学的基本原则

任务型教学注重真实场景下的、以明确目标为导向的语言交际活动；它要求学生通过完成任务的学习活动来掌握真实、实用和有意义的语言，是一种倡导体验、实践、参与、交流和合作的学习方式。学生在完成精心设计的任务型学习活动中认识语言，运用语言，发现问题，找出规律，归纳知识和感受成功。任务型教学模式要求教师从知识的传授者转变为课堂活动的设计者、组织者和指导者，而学生从被动的听众变为主动的参与者。提倡以教师为主导、以学生为主体的教学活动；它要求教材的编写以话题为主，提供真实的语言环境，设计能引导学生完成语言目标的任务或活动。

此外，目前受到外语界广泛认同和推崇的“问题教学法”(problem - based approach)、“项目教学法”(project - based approach）和“情景教学法”(situated approach）等，都非常重视学习者做事能力的培养和提高，值得预科英语教师去探索和实践。

（三）学会共同生活（learning to live together)

现代社会既充满竞争，也离不开合作，现代人必须学会在合作中求发展。

“合作学习”（co - operative learning）作为一种富有创意的教学理论和策略，通过创设互助学习和交流的机会和场所，为培养学习者的合作意识和合作技能，增强与人沟通和交往的能力提供了一个很好的条件。

合作学习的重要代表人物约翰逊兄弟（Johnson D. W. & Johnson R. T.，1994）认为："如果学生不能够把所学的知识和技能应用于与他人的合作性互动之中的话，那么这些知识和技能都是无用的，这种教育是失败的。学校的分数不能预示职业的成功，但社交技能却能做到这一点。"

许多社会学家认为，较之竞争的交往，合作的交往在当今及未来世界里更为重要。传统教学理论很少关注和涉及合作问题的研究。从某种意义上讲，把合作学习模式引进外语教学系统，是对传统教学的革命，代表了现代教学系统未来发展的方向，符合时代的需要。

1. 合作学习的特点

虽然国内外教学实践中所运用的合作学习方法或策略种类繁多，但每种形式的合作学习方法都包含几个特点：

（1）相互依赖。要求学生知道他们不仅要为自己的学习负责，而且要为其所在团队其他同伴的学习负责。团队成员之间是合作的关系。

（2）面对面的促进学习。要求学生进行面对面的交流，组内学生相互促进彼此学习的成功。

（3）个人责任。要求每个学生都必须承担一定的学习任务，并要掌握所分配的任务，分工明确，责任到人。

（4）社交技能。要求教师必须教会学生一些社会交往技能，以便学生能够进行高效的合作。

2. 少数民族预科英语教学中的合作学习

在预科英语教学实践中，可开展的合作学习形式有以下两种：

（1）讨论型合作学习（discussion - based co - operative learning）

小组讨论是合作学习的重要形式之一，具体来说，可以通过以下两种方式进行：

①自由发言式：小组成员围绕着某一话题或学习任务各抒己见，自由发表个人见解和主张，或相互补充、相互启发，或相互质疑、相互争论，本着友好合作的原则发现问题、探讨问题和解决问题。

②轮流发言式：有时讨论过程可能被个别语言能力强、擅长表达的同学所支配，而小组其他成员只是被动地接受信息，不愿或不习惯参与讨论。为了避免类似现象的发生，使每一位成员都能真正表现自我、发挥个体主观能动性、增强参与意识，可以实行轮流发言制，使每个人在小组讨论的氛围中不得不去思考、不得不开口讲话，变被动学习为主动学习。

英语教学中的讨论型合作学习既可运用于文化背景知识学习、课文人物及事件分析、阅读理解练习等，也可用于实用英语以及词汇的学习和巩固阶段。

（2）任务型合作学习（task - based co - operative learning）

外语教学中的“任务教学法”是将语言能力和工作能力相结合的教学方法。在教学中可将“任务教学法”与“合作学习”有机结合，将某一任务以学习小组的形式分配下去。由于对遇到的问题不同的人有不同的理解和判断，组员之间需要互相沟通、协商、据理力争，直至达成共识，以确保任务的顺利完成。这种语言交流是深层次的、动态的和多元化的，学生在解决问题和完成任务的过程中学会合作、学会交流、学会创新和学会处理人际关系。

在任务型合作学习过程中，由于任务的成功取决于全体组员的共同努力，因此在任务执行过程中各位成员献计献策，见仁见智，增强了合作精神和交际能力，并经过相互交流、相互合作，自觉地对语言活动和创新活动做进一步的探究、完善和自醒。该类活动往往受到学生的普遍欢迎和积极配合。

（四）学会生存（learning to be）

现代社会里，若想实现有价值的生存和发展，就必须发挥潜能、发展个性、提高素质、增强自主性、能动性、创造性和责任感。教育（包括预科英语教育）担负着培养具有生存能力和发展能力的年青一代的使命，因此，一定要重视提高学习者的综合素质，大力开展素质教育，在继承和发扬传统教学中优秀成分的基础上，构建以学生发展为本的教学模式，将以“知识传授”和“教师为核心”的教育模式改变为以“综合能力和素质培养”和“学生为中心”的现代教育模式；预科英语教师在教学中也应以现代教育观为指导，勇于实践，大胆创新，通过组织探究式学习、策略型学习、合作型学习、任务性学习等体现现代教育思想的教学活动，培养学习者的生存和发展能力，努力实现教育的革新。

三、结语

教育的四大支柱给预科英语教学的启示是：

现代信息社会需要的既不是模仿型人才，也不是知识型人才，而是创新型人才。现代人才不仅应具有宽广的知识面，而且应有较强的实践能力、科研能力，强烈的创新意识和创新能力以及团队意识和合作精神。

现代教学理论强调发挥学习者主动参与、发现、探究和知识建构的主体作用，提倡将知识灌输型的教学过程转化为实行情景创设、问题探究、协商学习、意义建构等以学生为主体的教学过程，重视发展性教育，主张将知识传授、智能发展与能力培养和素质培养统一起来，要求从教学目标、教学内容、教学方法等方面优化教学过程。预科英语教师在教学过程应注意引导学生学习问题、解决问题，教给学生学习的策略，在给学生传授语言知识的同时，更重要的是在这些知识的基础上培养学生的综合能力、合作意识与创新意识。

在面向少数民族预科学生的英语教学中，应充分体现以人为本，以学生为中心，以能力和素质培养为导向的现代教学理念，提倡学习方式的主体性、学习内容的广泛性、学习范围的开放性，以及学习过程的交互性、实践性和创新性，提高少数民族学生的“四会能力”，促进我国预科英语教学的改革和发展。

参考文献

［1］ Andrew D. Cohen. Strategies in Learning and Using a Second Language［M］. Beijing: Foreign Language Teaching and Research Press, 1998.

［2］ Arnold, Jane. Affect in Language Learning［M］. 北京：外语教学与研究出版社，2000.

［3］ Bailey K. Language Rights, Reflective Teaching, and ELTU Experience［J］. CUHK Newsletter, 1997 (107).

[4] Jonassen D, Mayes T, McAleese R. A Manifesto for a Constructivist Approach to Technology in Higher Education [M] //Duffy, Thomas M. Designing Environments for Constructive Learning. New York: Springer, 1993.

[5] Johnson D. W., Johnson R. T. Cooperative Learning. http: //www. clcre. com/pages/cl. html, 2001.

[6] Johnson D. W., Johnson R. T. Holubec E. J. Circles of Learning: Cooperative in the Classroom [M]. Edina: Interaction Book Company, 1993.

[7] Marison Williams, Robert L. Burden Psychology for Language Teachers: a Social Constructivist Approach [M]. Cambridge University Press, 1997.

[8] Mergel B. Instructional Design and Learning Theory [EB/OL]. Citeseer.

[9] Piaget J. The Origins of Intelligence in Children [M]. New York: International Universities Press, 1966.

[10] Richards J. C. Reflective Teaching in Second Language Classrooms [M]. Cambridge University Press, 1994.

[11] Tarone E & Yule. Focus on the Language Learner [M]. 上海：上海外语教育出版社，2000.

[12] 陈琦，张建伟. 建构主义学习观要义评析 [J]. 华东师范大学学报（教育科学版），1998 (1): 1-5.

[13] 高文. 建构主义学习的核心特征 [J]. 外国教育资料，1999 (1): 8-12.

[14] 高文. 现代教学的模式化研究 [M]. 济南：山东教育出版社，1998.

[15] 高文. 学会学习与学习策略 [J]. 外国教育资料，2000 (1)：48－52.

[16] 桂诗春. 新编心理语言学 [M]. 上海：上海外语教育出版社，2000.

[17] 何克抗. 建构主义——革新传统教学的理论基础 [J]. 电化教育研究，1997 (3，4)：1－6.

[18] 吉尔根. 当代美国心理学 [M]. 刘力，等，译. 北京：社会科学文献出版社，1992.

[19] 刘学慧. 导读 Psychology for Language Teachers：a Social Constructivist Approach [M]. Cambridge University Press，1997.

[20] 马锦华. 人本主义教学观与素质教育 [J]. 教育探索，2002 (10)：25－26.

[21] 马斯洛. 科学心理学 [M]. 林方，译. 昆明：云南人民出版社，1988.

[22] 马斯洛. 自我实现的人 [M]. 许金声，等，译. 北京：生活·读书·新知三联书店，1989.

[23] 束定芳，庄智象. 现代外语教学——理论、实践与方法 [M]. 上海：上海外语教育出版社，1996.

[24] 王德春. 社会心理语言学 [M]. 上海：上海外语教育出版社，1995.

[25] 王坦. 合作学习：原理与策略 [M]. 北京：学苑出版社，2001.

[26] 吴也显. 教学论新编 [M]. 北京：教育科学出版社，1991.

[27] 裴娣娜，等. 发展性教学论 [M]. 沈阳：辽宁人民出版社，1998.

[28] 雅克·德洛尔，等. 教育——财富蕴藏其中（UNESCO 教育丛书）[M]. 北京：教育科学出版社，1996.

[29] 庄耀嘉. 人本主义心理学之父——马斯洛 [M]. 台北：允晨文化实业公司，1982.

第三章

少数民族预科英语教学模式探究

第一节　英语教学模式概述

教学模式是一种媒介，教师和实习教师通过它获得多种成功的教学方法。教学模式不仅在理论上具有极强的逻辑性，而且在实践上具有很大的指导作用，它是专业化教学的基础（布鲁斯等，2014）。按一定教学法或流派的某种原则在教学活动中通过教法和学习法体现出来的，就形成一种教学模式。教学模式是实现教学法原则的教学活动体系，各种教学法流派都有相应的教学模式，其差别表现在教学方法、教学阶段的划分，教学材料安排的顺序等方面，反映出教师和学生教学活动的特点（王德春，1986）。萧好章、王莉梅（2007）从课程设置、教师课堂教学方法、教学过程、评估手段、模式本质和特征等方面简要概述了我国现行的集中主要英语教学模式。

一、传统英语教学模式

课程设置：课堂教学——每周3节读写课，1节听说课。教师在课堂教学过程中起权威作用，强调语言系统的掌握对语言习得的作用。教学方法是语法翻译法。学生的语言能力主要通过以教师为中心的课堂讲授和布置任务等方式得到强化，如学生收听磁带录音或电台。

评估手段：平时作业期中考成绩约占学期总成绩的30%，期末考约占70%。终结性评估仍然是主要评估方式。目前未参加新模式实验的班级和多数对照班均属于这一模式（冯奇等，2005；卓杨、张玉双，2006；朱玉梅，2006）。

二、多媒体辅助下的传统（课堂）英语教学模式

课程设置同传统模式，教室是拥有现代多媒体的大课室，可通过校园网向学生提供网络教学平台，适宜大班上课。运用多媒体网络教学手段，教师课堂上采取有针对性地讲解课文、辅导难点，读写听说相结合，较注重全面语言能力培养。教法是读写课采用传统语法翻译法，听说课采用听说法，多维度地输入语言，努力提高学生的英语水平和语言应用能力。该模式与严格意义上的传统模式有所区别。比如，教师课堂上可用多媒体教学平台，或连接网络资源，或展示教师自制的Powerpoint电子课件。但是，此模式仍然是以教师为中心的传统教学模式（俞真，2002；冯奇等，2005；刘海，2006）。

三、分级英语教学模式

常规的教学方式和以教师为中心的教学模式，难以解决学生成绩参差不齐的问题，因此需要分级教学。其在师资配备、教学手段、检测方法等方面与传统模式无异。这种模式常常把成绩优秀与成绩差的学生分别编成快班与普通班。目的是满足一部分外语基础较好、学有余力者的需求。快班教授的内容起点高，进度快，通过增设高级课程如翻译、口译等专业基础课程，对学生进行语言应用专项能力的综合训练。同时，根据普通班学生的英语水平适度放慢教学进度，加强和巩固基础语言知识与技能的培训。

此模式也是从学生需要出发，体现了以人为本，因材施教的教育理念，教学有针对性，有利于提高学生的整体学习效果（贾芝，2004；冯奇等，2005；严明，2005；王俊霞，2006）。

四、网络环境下的以学生为中心、教师为主导的教学模式

此教学模式近几年已趋于多元化，涌现出多种多样但大同小异的模式。无论是课程设置、网络教材及课件编制，还是教学方法和技巧，其共同点是以学生为中心，注重发挥学生主体意识和自主学习能动性，教师起主导作用。核心是完成任务、解决问题和分析案例。注重学生听说能力的培养，情景的创设。其教法打破传统的单一的单向传播，代之以启发、讨论与研究式的知识传播。注重整体语言教学，听说读写结合（张肖莹等，2002；张华，2003；陈蔓萍、刘钰峰，2005；陈美华等，2005；武英杰，2006）。

这种适宜学生个性化发展的教学模式常包括以下要素：（1）读

写译大班教学；（2）口语小班教学；（3）网上自主学习；（4）课后（网络）辅导答疑；（5）形成性评估与终结性评估相结合，尤其重视形成性评估。但研究也发现，这种模式存在一些问题亟待解决，如基于网络学习模式缺乏积极的情感交流，教师应重视和加强与学生的交流互动，从心理上给予学习者更多的关注以及引导（王湘玲、宁春岩，2003；贾国栋、刘丽燕，2004；朱玉梅，2006）。

五、中外合作办学大学英语教学模式

模式五与前四种模式的不同表现在：学生大多是来自全国各地高考录取分数线以下的考生，办学方式是与国外大学联合办学。如华南农业大学与英国欧士达大学，上海大学与悉尼工商学院等。教学大纲、教学计划、教材、课程设置及评估等都是外方制定的。教师主要以中方为主，外方派教师担任个别课程如口语课的教授任务。外方教学模式多采用“特殊用途英语教学模式（English for Specific Purposes，ESP）”或“学术用途英语（English for Academic Purposes，EAP）”或“持续型学科知识的语言教学模式（Sustained - content Language Teaching，SCLT）”（李丽生，2002）。

任何一种模式或方法都有它的优点和不足。在模式的设计和实施中，外语教师应根据各自教学目标和教学对象的具体情况，设计适合自己的课堂教学模式，这样才能扬长避短，优化组合，从而达到理想的教学效果。

第二节　少数民族预科英语的多媒体网络教学改革

一、少数民族预科英语开展多媒体网络教学改革的必要性

《大学英语课程教学要求》明确指出，“各高等学校应充分利用现代信息技术，采用基于计算机和课堂的英语教学模式，改进以教师讲授为主的单一教学模式。新的教学模式应以现代信息技术，特别是网络技术为支撑，使英语的教与学可以在一定程度上不受时间和地点的限制，朝着个性化和自主学习的方向发展”。《要求》还指出，教学模式改革成功的一个重要标志就是学生个性化学习方法的形成和学生自主学习能力的发展。由此可看出，少数民族预科英语教学作为向大学英语教学的过渡，也要逐步实现基于网络的英语教学模式。

教师应顺应时代发展要求，积极参与多媒体外语教学的理论研究和实践，依托和利用现有大学英语网络教学资源，并进一步研发适合本科预科英语课程的各类教学软件，以内容丰富、形式多样的教学软件为学生创设自主学习环境；同时熟悉并学会使用大量开放的超文本信息资源，通过电子邮箱、英语学习网站、英语聊天室、英语 QQ 群等为学生提供多样化的外语学习与交流机会，这也有助于培养学生的终身学习理念（谢友福、孙飞凤，2008）。

二、少数民族预科英语进行多媒体网络教学改革的理论依据

主体教育理论和建构主义理论为多媒体网络教学提供了坚实的理论依据。

主体教育理论中所谓的主体是指从事认识和实践活动的人。该理论认为教学活动是一种特殊的认识和实践活动，教师和学生都是该活动的主体。教师是主导性主体，其主要作用是“导”；学生是主动性主体，其主要作用是“动”。教学的本质就是两个主体共同作用。教师是教学活动的组织者和指导者，学生是自我发展的探索者和创造者，师生间是一种民主、平等、合作的关系（鞠玉梅，2007）。

建构主义理论认为学习不是简单地从外到内的单向输入，而是通过新信息与学习者原有的知识经验相互作用而实现，是学习者与学习环境之间互动的过程。在学习过程中，学习者通过已有的认知结构对新信息进行认识、加工和编码来建构自己的理解，这个过程是一个主动建构的过程，是无法由他人来替代的（鞠玉梅，2007）。

多媒体网络教学，尤其是自主学习模式，正是建立在建构主义学习理论之上的。自主学习（Self-Access Language Learning，SALL）是指学习者较少依赖别人的帮助而自己可以进行有效的学习，学习者在认知、动机、行为三个方面都是一个积极的参与者。具体来说，就是教师在教学过程中，给学生提供灵活的思维时间和空间，让学生主动建构自己的认知结构。教师通过设计情景，组织学生感知教学环境、收集信息、加工信息、积极探索、主动建构，从而达到对所学知识意义建构的目的。上述理论对学习和教学做了新的解释，

突出强调知识的动态性，强调学习者知识经验的丰富性和差异性，强调学习的主动建构性、社会互动性和情境性（李孟华，2007）。

三、少数民族预科英语进行多媒体网络教学改革的意义

网络化的多媒体语言教学环境为英语课堂教学和英语学习提供了前所未有的教学呈现方式和技术支持。音像文字结合、图文并茂的信息时代外语知识呈现方式将使英语学习不再单调乏味，基于网络等现代化手段的英语学习手段和方式将给学生提供弹性的学习时间、学习环境、学习内容、学习模式和评估方式。网络等现代技术带来英语教学模式变化之时，既对英语教师提出了更高的要求和挑战，也为学生提供了便捷的网络外语学习方式，通过网络学生能更方便、自主地学习英语知识。在高等院校，随着多媒体教室和计算机教室的规模化推广，包括本科预科英语教学在内的各科教学模式改革也势在必行。

第三节　“网络自主学习平台 + 课堂教学”的英语教学模式探究

北京邮电大学民族教育学院自 2004 年招生以来为 40 多所高校共培养了来自 31 个少数民族，21 个省市自治区的少数民族学生。英语学习是少数民族本科预科学生进入目标大学之后面临的主要学习任务之一，因此，改进少数民族本科预科英语课堂教学、提高本科预科英语教学效率，对于少数民族本科预科教学质量至关重要。

网络技术迅猛发展，为社会生活带来巨大变化，也为学校教育开辟了广阔的前景。少数民族本科预科学生大多来自偏远地区，英语基础参差不齐。本科预科学生英语学习呈现低水平、多层次和多样化的特点。如何实现基于个体差异的教学方式，从以教师为中心转向以学生为中心，从“怎样教”转向“怎样学”，帮助学生正确使用网络学习资源，引导学生树立正确的学习目标，选择合适的学习方法和学习策略，最终提高教学效率和教学成效，是预科英语工作者需考虑的实际问题。

一、理论依据

建构主义学习理论认为：语言的学习，需要强调的是学生的主动学习，而不是教师的强制灌输。教学的过程中，学生是认知的主体，是意义的构建者，教师是教学过程的组织者、指导者，意义建构的帮助者、促进者（Marion & Robert.，2011）。在长期的应试教育之下，我国大部分学生的学习在很大程度上依赖于教师与课堂，方法手段比较单一。借助现代信息技术的发展，依托互联网及丰富的教学活动，增进学生的自主、互动和个性化的学习是预科教育发展的方向。

以现代信息技术为支撑的听说个性化教学的理论基础是建构主义，该理论注重学生的中心和主体地位：要求教师由知识的传授者转变为学生主动建构意义的帮助者、促进者、引导者和组织者；要求学生由被动接受者转变为信息加工的主体、知识意义的主动建构者。

网络通信技术可作为建构主义学习环境下理想的认知工具。基于上述理论，利用校园网进行本科预科英语教学，要使其具有科学性、时代性、主动性、探索性和创新性，充分发挥学生学习的主动性、积极性，实现个性化学习。

二、研究方法

（一）研究问题

（1）什么是“网络自主学习平台+课堂教学”的教学模式?

（2）这种模式是否有助于少数民族本科预科学生学习成绩的提高?

（二）研究对象

本研究在北京邮电大学民族教育学院2015级少数民族本科预科两年制学生中挑选的两个英语平行班级中进行，其中一个作为实验组，54人；另一个作为对照组，48人。两组学生为新疆地区的维吾尔族、哈萨克族、柯尔克孜族，为“民考民”学生，平均分分别为85.31分和83.23分。两组有同样的教学时数，共十六个教学周，开设同样的英语课程，同时享有同样的学习环境和生活环境。在教学实验中，两组的授课教师均毕业于英语语言学专业，教龄均为十年。实验组采用“网络平台+课堂教学”模式，对照组采用传统教学模式。总体来看，两组被试对象的语言水平无显著差异，实验环境相似，具备实施对比教学实验研究的基本条件。

（三）实验过程

1. 实验的准备阶段

实验准备阶段主要是进行自主学习平台的构建。教学平台的部署是实施新的教学模式的基础。平台要能够为学生提供丰富多样的资源、提供学习支持服务，还要能够实现师生间及时的交流、提供多种交流方式，保证学生的学习有效并朝正确方向进行，使学生在学习中体会到学习平台的多种好处，将平台学习转变为一种自觉的学习能力。平台有着丰富的功能，具有开源性、易用性等特点，能够为课堂加平台的教学提供良好的支撑。

自主学习平台资源是以少数民族本科预科英语教材为依托，结合学生的英语学习现实基础和学习需求来设计和开发的，其体系、具体内容与教材同步，同时又是对教材的补充、拓展和丰富。主要资源包含：

（1）“资源库系统”

该系统包括与课本内容相关的词汇学习库、语法练习库、教材课件库、视频库和测试练习库，英语学习的素材来源。“资源库”内容分为四级，其中入门级到中级对应本科预科两年制学生，初级到高级对应本科预科一年制学生。

（2）“学习系统”

该系统包括学习计划和自由学习，充分整合“资源库”内容，根据少数民族本科预科学生水平及特点，分层次地抽取“资源库”内容，布置学习任务，形成学习计划，还可以利用“资源库”内容进行自由学习。

（3）“管理系统”

该系统是“学习系统”的又一支撑系统，是教学过程的记录、监控、评估、反馈系统。该系统应包括在线学习记录系统、成绩分析系统和评估反馈系统。

2. 实验的实施阶段

(1) 在对照组采用以“教”为主的传统教学模式

在对照组采用传统课堂教学方式，课堂教学中运用 Powerpoint 软件和板书讲授课文，分析重点和难点，以教师课堂讲授为主，辅助课后练习。传统的教学按照教学计划，根据课程规定的内容和固定的时间实施教学。教师完成课堂讲授任务后通常会要求学生完成书后的词汇、语法、写作练习，并根据课程要求和进度补充一定的阅读和口语内容。

教学中以教师为中心。教师借助于传统的辅助教学工具，如粉笔、黑板、投影仪，把教材作为授课的基础，传授知识信息给学生，学生只是信息的接受对象，只被动接受外部信息，通过内化将所接收到的信息系统化。客观地说，这种教学模式和设计有利于教师组织和主导整个教学活动进程，也有利于知识的传播和学生的接收，使教学目标得以快速实现。但其缺点也是显而易见的，那就是忽视了学生的学习主观能动性和作为学习主体的作用，课堂上学生能参与教学活动的机会很少，课下学生主要完成老师布置的作业，自主学习的意愿较弱，不利于学生创新思维和能力的培养，也不利于学生自主学习能力的培养。

(2) 在实验组采用“课堂教学 + 自主学习平台”的以“学”为主的新式英语教学模式

新模式采用“6 (6 学时课堂教学) + X (一般为 2 学时的自主学习平台学习)”的“课堂教学 + 自主学习平台”英语教学模式，利用课堂教学与网络自主学习平台，完成学生自主上机学习与教师面授的过程。

新的教学模式通过三个模块完成。课前模块：包括“学习计划”和“自由学习”。“学习计划”环节是教师根据每单元的教学设计的课前学习任务，一般包括本单元语法课件学习及本单元对话和课文课件学习。“自由学习”环节指的是学生在教师推荐选学资源列表中根据自身英语基础和需求选择合适的资源进行学习。这些资源多为与本单元教学内容相关的视频和课件。课堂模块：教师首先针对学生在自主学习平台上的学习情况和出现的主要问题进行总结和讲解，然后进行自主学习后的语法词汇小测验，之后进行对话、语法和课文学习，讲授知识点，并组织学生参与各种语言操练活动。最后进行综合测试，并进行讲解，帮助学生消化吸收所学内容。课后模块：继续进行“学习计划”环节，完成学习任务，即完成本单元的复习，同时也展开对下一单元的预习。本次任务增加拓展词汇学习、语法专项练习及阶段性综合测试，如图 1。

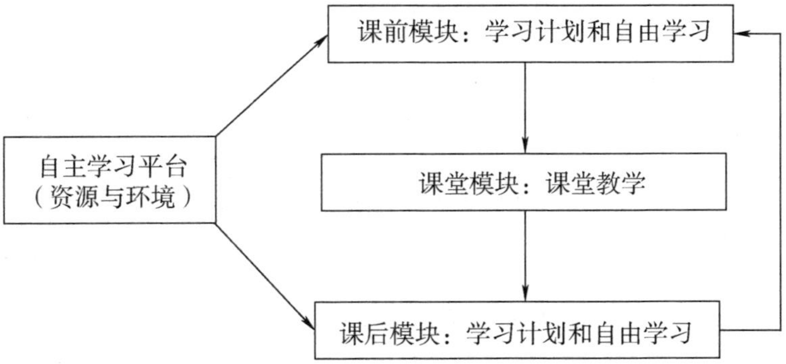

图 1　“课堂教学 + 自主学习平台”的教学模式

三、研究工具及数据收集

（一）研究工具

本研究采用定量的方法考察少数民族本科预科学生在应用“自主学习平台+课堂教学”的模式后是否与采用传统教学模式的对照组存在显著差异。主要研究工具是语言测试。测试内容包括英语听力、单选、翻译、阅读，采用2015年11月的本科预科两年制英语期中统考试题和2017年1月的本科预科两年制英语期末统考试题。

（二）数据收集

本实验包括前测和后测，将在新教学模式开始之前对两组学生进行的语言测试作为前测的依据。在新模式应用一学期之后，同样将对两组学生进行的语言测试作为后测依据，然后将语言测试数据输入SPSS 19.0进行分析。

四、结果与讨论

为了对比实验组在应用一个学期的新教学模式后成绩是否与对照组存在显著差异，本实验对前测成绩和后测成绩采用了独立样本T检验，结果如表1。

表1　实验前后成绩统计结果

测量变量	实验组（54人）		对照组（48人）		均值差	P值
	平均分	标准差	平均分	标准差		
前测成绩	85.31	6.84	83.23	12.986	2.086	0.305
后测成绩	75.62	15.15	68.60	16.81	7.027	0.030

数据分析：

由表 1 可以看出，在前测中，实验组的平均分为 85. 31，对照组的平均分为 83. 23，而且 P 值为 0. 305，大于 0. 05，说明两组成绩没有显著差异。在应用“网络自主学习平台 + 课堂教学”的教学模式一学期后的后测中，实验组的平均分为 75. 62，对照组的平均分为 68. 6，P 值为 0. 030，而且小于 0. 05，说明两组成绩差异显著。虽然随着知识的难度增加，后测的平均成绩下降，但通过对实验组和对照组前测成绩和后测成绩分别进行 T 检验能发现，新模式的应用确实有利于提高少数民族本科预科学生的英语成绩。

实验还有一个发现，实验组前测成绩的标准差为 6. 84，后测成绩的标准差为 15. 15，这说明“网络自主学习平台 + 课堂教学”模式的应用虽然在一定程度上提高了平均成绩，但扩大了组内成员之间的差距。反观传统教学模式下的对照组，前测成绩的标准差为 12. 986，后测成绩的标准差为 16. 81。虽然不像新模式一样提高平均成绩，但也没有如新模式的应用一样，极大地拉大组内成员间的差距。

讨论与反思：

与传统教学方式相比，在本科预科英语教学中实施新模式教学，既可以保证教师主导作用的发挥，也有利于激发学生的学习兴趣，提高学习的积极性，对培养学生的创新精神、自我设计能力和自主学习意识都有积极作用。对于自主学习能力强的学生来说，新模式的应用是不可多得的机会，既能学习课内知识，又能通过自主学习平台来广泛地汲取课外知识、不断地提高自己的语言应用能力，最终可以看到这些学生的语言测试成绩比传统模式下的学生的测试成绩有了显著的提高。而对于一些学生过分依赖教师的引导，缺乏自主学习能力，他们不能通过课后的平台学习获益，测试成绩自然和自主学习能力强的学生的测试成绩差距很大。同时从实验组后测成绩显著高于对照组后测成绩可以看出，在应用新的教学模式的实验组成员中，自主学习能力强的学生明显多于自主学习能力弱的学生，这也说明新模式在一定程度上提高了学生的自主学习能力。

五、结论

“课堂教学＋自主学习平台”的预科英语教学模式构建了具有动态交互功能、资源丰富的学习平台。在教学中，以课堂讲授和上机练习相互交叉进行，充分发挥教师在课堂教学的主导作用和学生在网上自主学习的主体作用，把教师课堂讲授与学生课后网上自主学习活动结合起来，通过课堂教学、网络平台学习之间的相互配合，提高学习者兴趣，完成教学目的。在进行教学设计时，重视协调教师、学生、教学内容、教学媒体的地位与作用。教师由知识的传授者转变为学习过程中的组织者、指导者和意义建构的帮助者；学生由单一的信息接收者转化为信息加工的主体和知识意义的主动建构者，可以同时在课堂上和平台上学习；教学媒体由单一的教材转变为包括多媒体课件、视频、网络资源的多媒体学习包。教学内容突出能力训练。

新模式能够充分利用现代网络资源和多种教学形式，将传统的课堂教学优化为注重学生个性化学习需求的教学；通过多种形式的课堂内外的实践，培养学生具有较扎实的英语语言基础和较强的英语综合应用能力，同时又给学生创设了自主式学习环境，激发学生浓厚的学习兴趣，强调个性化教学，倡导自主学习。这体现了教师教学活动或手段的转变，更体现了教师教学理念的转变，由此实现了从以教师为中心、单纯传授语言知识和技能的教学模式向以学生为中心、既传授语言知识与技能，又注重培养语言运用能力和自主学习能力的教学模式的转变。

但是新模式的应用也会带来学生成绩两极分化的问题。为完善“课堂教学+自主学习平台”的教学模式，在后续研究中小组合作式学习将作为一种解决方法得到进一步探究。

第四节 网络环境下推进少数民族预科英语教学模式改革的建议

一、网络环境下推进少数民族预科英语教学模式改革的建议

（一）重视开发适合预科英语课程教学的软件和建设英语学习环境与硬件设施建设

如何有机整合现有网络信息资源与教师自己教授的英语课程资源以实现对教育资源的最优化利用，最优化地开发学习者各方面的潜能，这是每一位教师必须考虑的问题。

教师可以通过申请教改课题、多媒体课件课题、精品课程课题等方式获得上级部门的经费支持，在日常工作中有意识地搜集、整理多媒体网络资源素材，在借鉴已有课件的基础上，根据自身使用的教材，有效整合教学内容、参考资料、现有同类课程多媒体课件

等，开发出适合学生需求的课件；用丰富的教学手段、交互式的教学方法以及大量的信息全方位调动学生的视觉、听觉等，充分激发学生获取知识的兴趣，逐步实现教学方法从传统向现代的转变。

网络自主学习的效果在很大程度上会受到学校所提供的学习环境和教学设施条件的影响，而大多数院校现有的供预科英语教学所用的网络自主学习机房条件有限。体现在专供预科英语教学所用的网络教室网络速度较慢，网络在线测试过程中时而出现网络拥塞的现象，从而导致自制力差的学生不由自主地从事与英语学习无关的活动。这些外在条件多少降低了预期教学效果的实现。因此，要保证学生使用渠道的畅通，各院校需要投入大量的经费和技术人员来维护、更新和升级设备，改进大学英语教学的外部环境和硬件教学设施。

（二）利用和借鉴大学英语教改成果，不断完善网络平台

目前，预科英语网络教学还不完善，大部分预科培养院校都只使用课本和与课本配套的学习资源，如教学课件及课文录音等。这些材料对学生学好课本内容起到了一定的辅助作用。但预科英语学习并非仅限于学习课本知识及提高语言技能，如何提高学生的跨文化交际及综合应用能力是当前预科英语教学所面临的重要问题。

因此，根据学生需要对网络资源进行分类、筛选和管理，辅助学生课外英语学习是解决这一问题的主要途径。一方面，要求英语教师制作并及时更新网络学习英语资源。这就要求教师根据所教授学生的特点和水平，不断修改与教材配套的课件、练习及相关资料。另一方面需要学院提供一个具有丰富教学资源的网络平台，以搭建学生与知识资源之间的桥梁。在平台的搭建过程中要利用和借鉴大

学英语教学改革的成果，根据学生水平选取整合各类外语资源，满足学生的学习需求。

（三）建立计算机网络与外语课程整合能力培训机制，促进教师角色的转变

陈坚林（2006）指出，把计算机看作外语课程的辅助工具是新模式有效实施以及改革顺利发展的关键。他认为随着信息技术的日益发展，在外语教学上，计算机的功能已远远超出了辅助的功能，为了有效地进行外语教学的改革，我们应该改变观念，把计算机网络与外语课程进行全面地整合。因此，单纯的计算机技术能力的培养已无法满足新模式的有效实施，教师培训必须跳出原来的框架，树立与时俱进的观念。首先，进一步澄清、落实和强化新模式的理念，同时要明确转化、改变旧模式的理念是培训的基本内容，其中基于我国预科英语教学特殊环境下教师自身角色的定位和作用、教和学的结构、师生关系结构内容等应为培训重点；其次，应强调信息技术与外语实际课堂相结合，突出信息技术的教育应用，培训重点为技术在课程和教学中的整合，而不是技术本身（陈琦，1997）。具体而言，不但应包括人工智能、数字化和信息网络三大关键技术工具的应用，还应包括现代教育技术的理念和方法、生态型外语教学环境的构建及信息技术与外语课程整合的具体方法、案例讨论等内容，以提高外语教师进行整合的实践水平，确保教师主导地位有效、灵活地发挥。

教师的角色应从文化知识的传授者、知识学习的指导者、课程教材的执行者和教育教学的管理者转变为学习生活的设计者、知识体系的构建者、课程教材的研究者和人际关系的沟通者。因此，比

起传统教学，教师的任务更为艰巨。教师要根据学生的实际情况制订出科学、完善的课程设置方案，包括教学计划制订、教学内容选取、教学方法改进等。

二、网络环境下实施英语教学改革应注意的问题

（一）提高学生自主学习的能力

多媒体网络环境下的教学特别强调学生的自主式、探索式学习。但是，由于学生原有的知识层面不同，其语言的认知能力也各不相同，多媒体网络教学模式未必可以满足全部学生的需求。此外，有些预科学生不能正确利用计算机、网络进行学习。因此，在教学中应加强对学生自主学习能力的培养，使学习者有意识地对学习采取自我计划、自我管理、自我监督等为自己的学习而负责的行为，并在采取这些行为过程中不断提高学习能力（陈永丽、吴俊，2010）。

（二）注意多媒体网络环境与人文环境的结合

在多媒体网络教学带给学生的大量新鲜感过去之后，网络教学往往会陷入所谓冷面教学的怪圈，缺少正常的人文关怀和情感交流。教师要随机应变，将人机交流、师生交流和生生交流有机地结合起来，使学生产生归属感和安全感，从而保持学习热情，达到英语教学的最优化（陈永丽、吴俊，2010）。

各培养院校首先应在政策层面上尽量消除实施英语教学改革的阻力，同时在增加软件、硬件及人力、物力的投入，改善教师评价体系等方面给予大力的支持，积极创建有利于新教学观念形成和实施的、人本的、和谐的社会文化环境，确保预科英语教学改革的顺利进行。

（三）重视教师的介入作用

多媒体网络环境下的英语教学强调学生的自主学习，但这并不意味着放弃教师的地位和作用。相反，教师介入多媒体网络环境下的英语教学会对培养学生自主学习意识和学习动机，加强学习者自主学习的管理，提高学习效果的检测能力有很大的帮助。自主是相对于依赖教师指导而言的一定程度上的独立（陈永丽、吴俊，2010）。在预科英语教学阶段，绝对的学习者自主学习并不现实。因此，教师应当尊重并最大限度地发挥学生的自主性，但教师必须介入学习者的自主学习，只有这样才能保证其自主性的真正发挥。

参考文献

[1] Marion W. & Robert. L. B. 语言教师心理学——社会建构主义模式 [M]. 张红，王新，译. 北京：外语教学与研究出版社，2011.

[2] 布鲁斯·乔伊斯，玛莎·韦尔，艾米莉·卡尔霍恩. 教学模式 [M]. 兰英，等，译. 北京：中国人民大学出版社，2014.

[3] 陈坚林. 大学英语教学新模式下计算机网络与外语课程的有机整合 [J]. 外语电化教学，2006 (6): 3-10.

[4] 陈蔓萍，刘钰峰. 网络环境下的英语教学模式研究 [J]. 现代教育科学，2005 (6): 35-37.

[5] 陈美华，等. 基于计算机和网络的大学英语自主学习模式研究 [J]. 外语电化教学，2005 (12): 19-23.

[6] 陈琦. 教师培训——信息技术整合于教育的基石 [J]. 北京大学学报（社科版），1997 (4)：63－69.

[7] 陈永丽，吴俊. 大学英语网络教学现状及建议 [J]. 教育探索，2010 (8)：72－73.

[8] 冯奇，郑晶，邵军航. 创新理念 深化改革——大学英语多种模式教学实验 [J]. 外语电化教学，2005 (10)：55－59.

[9] 贾国栋，刘丽燕. 基于局域网的大学英语教学模式研究 [J]. 外语电化教学，2004 (2)：36－40.

[10] 鞠玉梅. 以多媒体网络技术为基础的语言学导论课程研究性教学模式的构建 [J]. 外语电化教学，2007 (8)：3－7.

[12] 贾芝. 大学英语分级教学探析 [J]. 广西民族学院学报，2004 (2) 299－301，309.

[13] 李光梅. 建构主义理论在多媒体综合英语教学中的运用 [J]. 四川外语学院学报，2002 (5)：159－160.

[14] 李丽生. SCLT 教学模式及其对我国大学英语教学改革的启示 [J]. 外语界，2002 (4)：36－40.

[15] 李孟华. 计算机网络环境下的大学英语教学模式的优势及应用 [J]. 外语电化教学，2007 (2)：32－35.

[16] 刘海. 谈大学英语传统教学模式改革 [J]. 中国成人教育，2006 (1)：146－147.

[17] 王德春. 论外语教学的方法、模式和大纲 [J]. 山东外语教学，1984 (4)：7－12.

[18] 王俊霞. 在分级教学中推进大学英语教学改革 [J]. 教育探索，2006 (5)：73－74.

［19］王湘玲，宁春岩. 从传统教学观到建构主义教学观——两种教学观指导下的英语教学的对比研究［J］. 外语与外语教学，2003（6）：29－31.

［20］武英杰. 基于计算机网络的大学英语教学模式的探讨［J］. 现代教育科学，2006（1）：100－103.

［21］萧好章，王莉梅. 大学英语教学模式改革初探［J］. 外语与外语教学，2007（2）：26－29.

［22］谢友福，孙飞凤. 多媒体网络环境下对英语专业本科教学的反思与改革的构想［J］. 外语界，2008（6）：52－56.

［23］严明. 分级动态教学：大学英语教学模式新构建［J］. 黑龙江高教研究，2005（2）：153－155.

［24］俞真. 运用多媒体对大学英语教学模式改革初探［J］. 外语与外语教学，2002（8）：33－34，55.

［25］张华. 多媒体和网络环境下大学英语教学模式探索［J］. 外语电化教学，2003（4）：37－40.

［26］张肖莹，李天贤. 建构主义理论与多媒体机助大学英语教学［J］. 外语电化教学，2002（4）：22－26.

［27］朱玉梅. 大学英语教学模式改革探析［J］. 外语与外语教学，2006（6）：37－40.

［28］卓杨，张玉双. 大学生对大学英语课程改革要求的调查研究［J］. 现代教育科学，2006（5）：136－139.

第四章

少数民族预科学习者非智力因素与英语学习的相关性研究

美国心理学家亚历山大（W. P. Alexander）在1935年发表的《具体智力和抽象智力》一文中首次提出"非智力因素"概念。1950年，韦克斯勒（D. Wechsler）在《美国心理学家》杂志上发表文章，专门就非智力因素问题进行了较深入的探讨，是非智力因素概念正式诞生和科学研究开始的标志。1983年2月11日，我国《光明日报》发表了由上海师范大学燕国材教授撰写的《应重视非智力因素的培养》一文，"非智力因素"及其相关问题从此引起了我国教育学和心理学界的重视。

学习是一个复杂的过程，各种智力因素和非智力因素交织在一起共同影响着学习效果。智力是一种综合认识能力，一般认为智力因素包括六个方面：注意力、观察力、想象力、记忆力、思维力、创造力。智力因素作为心理过程中的认识过程直接参与和影响着我们的学习活动。

非智力因素，指与认识没有直接关系的情感、意志、兴趣、性格、需要、动机、目标、抱负、信念、世界观等方面。这些非智力因素虽然不直接参与认识过程，却是学习活动赖以进行的动力因素。

国内外多项研究表明情感、动机、兴趣、意志、归因、态度、自我效能感、学习风格、学习策略等非智力因素都会对学习产生很大影响，非智力因素中的积极特征对学习具有调节、控制、维持和补偿的功能，是提高学习质量和学习效率的有力支撑。孔子曰："知之者不如好之者，好之者不如乐之者。"（《雍也篇》），这句话明显涉及动机、意志、兴趣、情感等非智力因素。

从心理学上讲，情感、意志、兴趣、性格、需要、目标、抱负、世界观等，是智力发展的内在因素。外因通过内因起作用。一个人的非智力因素如果得到良好的发展，不但有助于智力因素的充分发展，还可弥补其他方面的不足。反之，如果人缺乏意志，回避困难，胸无大志、贪图安逸，势必影响其智力的发展。在人才的成长过程中，非智力因素起着不可忽视的作用。一个智力水平较高的人，如果非智力因素没有得到很好的发展，往往不会有太多的成就。相反，一个智力水平一般的人，如果非智力因素得到很好的发展，也可能取得事业上的成功。

本章节通过多维度的实证研究，探讨少数民族预科生的非智力因素与英语学习的相关性，以期对从事预科英语教育教学的老师有所启发，从而在教学中更多地关注学生在学习过程中的非智力因素，强化积极因素的培养，弱化或消除不良因素的干扰，提高英语课堂教学效益。

第一节 学习动机与英语学习的相关性研究

一、学习动机理论概述

学习动机是指引发与维持学生的学习行为，并使之指向一定学业目标的一种动力倾向。它包含学习需要和学习期待两个成分。根据不同标准，心理学家从不同角度对学习动机进行了分类。本次研究借鉴以下两种分类：

（一）近景直接性动机和远景间接性动机

根据学习动机的作用与学习活动的关系，学习动机可以分为近景的直接性动机（proximal direct motivation）和远景的间接性动机（distant indirect motivation）。

近景直接性动机是与学习活动直接相连的，来源于对学习内容或学习结果的兴趣。例如，学生的求知欲、成功的愿望、对某门学科的浓厚兴趣，以及教师生动形象的讲解、教学内容的新颖等都直接影响到学生的学习动机。这类动机作用的效果比较明显，但稳定性比较差，容易受到环境或一些偶然因素的影响。例如，任课教师讲得很生动，学生对课堂充满兴趣，在课后认真预习和复习，取得了好成绩。一旦换了任课教师，课堂授课变得比较死板、乏味，学生觉得没意思，兴趣不能保持下去，因此不怎么用心，成绩自然下降了。

远景间接性动机是与学习的社会意义和个人的前途相连的。例如，意识到个人的社会责任和使命、为不辜负父母和老师的期望、为争取自己在班集体中的地位和荣誉等都属于间接性动机。正确的间接性动机较为稳定和持久，能激励学生努力学习并取得好成绩。而往往那些为父母、教师的期望或为了自己的名声、地位而产生的动机的稳定性和持久性较差，学生容易受到情境因素的冲击，缺乏克服困难的勇气与力量。

（二）内部学习动机和外部学习动机

根据学习动机的动力来源，可分为内在动机或内部驱动力（Intrinsic motivation）和外在动机或外部诱因（Extrinsic motivation）。

内在动机是指由个体内在的需要引起的动机。例如，求知欲、学习兴趣、改善和提高自己能力的愿望、在学习上通过迎接挑战、克服困难获得满足感和成就感所引发的学习动力，这些因素会促使学生积极主动地学习，是一种指向学习任务本身的动力。学习动机研究结果显示，具有内在动机的学生能从学习活动本身获取满足感，他们能主动参与学习过程，有好奇心，喜欢迎接挑战，在解决问题时具有独立性，能够较持久地保持学习热情。

外在动机是指个体由外部诱因所引起的动机。其中包括为了适应社会发展和个人职业发展需求等长远目标而产生的“能力目标型—远景性外部动机”（competence - focused，distant extrinsic motivation），以及为应付考试、拿文凭、得到师长的赞扬、同学的羡慕、避免受到教师或父母的惩罚等近期目标而产生的“成绩目标型—近景性外部动机”（score - focused，proximal extrinsic motivation）。

这里需要特别说明的的是，学习者的学习动机往往不是单一的体系，总是由一到两个“主导性学习动机”（dominant motivation）

和若干“辅助性学习动机（supportive motivation）”构成的“多维动机体系”（multidimensional motivation system）。主导性学习动机动力强，在学习中起着主导性作用，而辅助性学习动机动力相对较弱，起着次要的辅助性作用。

二、研究意义

为促进我国西部地区经济和文化的发展，国家在内地数所大学院校设立了少数民族本科预科教育基地，并专门设立了针对新疆和西藏少数民族学生的本科预科班。北京邮电大学承担了面向新疆少数民族学生的大学本科预科培训任务，生源遍布新疆各个地区，学生来自维吾尔族、哈萨克族、蒙古族、乌孜别克族、回族、柯尔克孜族等少数民族。

新疆预科班学生与其他少数民族预科班相比，有着完全不同的语言背景：他们的母语主要是维吾尔族语或哈萨克族语，他们的汉语基础不是很好，英语底子薄，一部分学生开始预科学习时英语水平为“零起点”，还有一部分生学过两年左右的英语，处于小学初级水平。作为新疆班大学预科教育主干课程之一，英语课程的教学目标是在两年时间内完成普通初中和高中共六年的英语学习内容。这对以前从未接触过英语学习、而且同时需要进行汉语学习的新疆少数民族学生而言，学习压力大、学习任务重。

由于语言环境、文化环境、生活环境和人际关系等因素的改变，加之英语学习任务繁重，部分学生刚入校时感到各方面的不适应，当他们在英语学习中遇到困难和挫折时，容易出现焦虑、自卑、情绪低落等负面心理。因此，任课教师必须随时了解学生的学习状况和心理特点，及时给予有效的关注和疏导，帮助他们树立正确的英语学习动机和学好英语的信心，这会对他们的英语学习、身心健康和学业发展产生积极的作用。

本次实证研究以认知心理学动机理论为依据，采用问卷调查研究的方法，对新疆少数民族本科预科生英语学习动机、以及学习动机与学习成绩、自我效能感和元认知学习策略之间的相关性进行调查，旨在探究少数民族预科英语学习的特殊性，以便更好地在英语教学中贯彻因材施教、以人为本的教学理念，切实有效改进教学方法，提升教学质量。

三、研究设计

为了解新疆少数民族学生的英语学习动机，更好地帮助学生树立积极、正确的学习态度和学习动机，培养他们的学习兴趣，提高学习效率，我们进行了以下调查研究。

1. 研究问题

（1）新疆少数民族学生英语学习动机

（2）英语学习动机与英语学业成绩的相关性

（3）英语学习动机与英语学习自我效能感的相关性

（4）英语学习动机与英语学习元认知策略的相关性

2. 研究对象

新疆班少数民族预科生。参加问卷的学生人数为 226 人，共收到有效答卷 219 份，其中二年级学生 105 人，一年级学生 114 人，来自维吾尔族有 168 名学生，来自哈萨克族有 45 名学生，另外 6 名学生分别来自塔吉克族、蒙古族和柯尔克孜族。

3. 研究工具

本研究运用 SPSS13.0 对数据进行统计分析。

（1）新疆少数民族学生英语学习动机问卷

问卷参照学习动机理论，设计了两项内在动机（前两项）和四项外在动机（后四项）；其中第3）项、第4）项为“能力目标型—远景性外部动机”，第5）项、第6）项为“成绩目标型—近景性外部动机”。

为避免趋中效应，评分采用4点计分：

1 = 不正确　2 = 有时正确　3 = 通常正确　4 = 完全正确

分值的高低代表英语学习动机的强弱。

亲爱的同学：

请认真回答以下问题，你的回答只用作研究和分析，不会对你的成绩和评价有任何不良影响，请表达自己最真实想法，谢谢配合！

你学习英语的动机是什么？（在你选择的答案序号处打“√”）

1）个人喜欢、对英语学习感兴趣

1 = 从不　2 = 有时　3 = 通常　4 = 总是

2）喜欢迎接学习上的挑战

1 = 从不　2 = 有时　3 = 通常　4 = 总是

3）提高自我、胜任未来工作

1 = 从不　2 = 有时　3 = 通常　4 = 总是

4）适应社会发展需要

1 = 从不　2 = 有时　3 = 通常　4 = 总是

5）应付考试、为了升学

1 = 从不 2 = 有时 3 = 通常 4 = 总是

6）让老师满意、让家长高兴

1 = 从不 2 = 有时 3 = 通常 4 = 总是

（2）新疆少数民族学生英语学习自我效能感量表

班杜拉（Bandura，A，1977）在他的动机理论中指出，效能期望是指个体对自己能否进行某种行为的实施能力的推测或判断，即人对自己行为能力的自我信念。它意味着人是否确信自己能够成功地进行能够带来某一结果的行为。当人确信自己有能力进行某一活动，他就会产生高度的“自我效能感”，并会去积极、主动从事这一活动。

研究表明，自我效能感具有下述功能：

①决定人们对活动的选择及对该活动的坚持性；

②影响人们在困难面前的态度；

③影响新行为的获得和习得行为的表现；

④影响活动时的情绪。

自我效能感量表（略）是依据班杜拉的自我效能理论，结合新疆班少数民族学生英语学习的实际情况，在参阅有关研究资料的基础上自行编制而成的。该量表包含五个陈述，均为正向题，涵盖了英语学习自我效能感的五个维度：

①英语学习能力的自我评价；

②他人观点对自己英语学习的影响；

③对待英语课堂活动的态度；

④对待困难的态度；

⑤成败的归因。

评分也采用4点计分：

1 = 从不　2 = 有时　3 = 通常　4 = 总是

自我效能感的累计分值在5分至20分之间，累计分值的高低代表英语学习自我效能感的高低。

（3）新疆少数民族学生英语学习元认知策略问卷

所谓学习策略（learning strategies），就是学习者为了提高学习的效果和效率，有目的、有意识地制定有关学习过程的复杂方案。

根据学习策略覆盖的成分，迈克卡等人（Mckeachie et al，1990）将学习策略概括为认知策略、元认知策略和资源管理策略。

①认知策略

认知策略是加工信息的一些方法和技术，有助于有效地从记忆中提取信息。一般而言，认知策略因所学知识的类型而有所不同，复述、精细加工和组织策略主要是针对陈述性知识，针对程序性知识则有模式再认识策略和动作。

②元认知策略

元认知策略是学生对自己认知过程的策略，包括对自己认知过程的了解和控制策略，有助于学生有效地安排和调节学习过程。计划策略、自我管理策略和自我评价策略都属于元认知策略。

③资源管理策略

资源管理策略是辅助学生管理可用环境和资源的策略，有助于学生适应环境并调节环境以适应自己的需要。它包括时间管理策略、学习环境管理策略、努力管理策略和学业求助策略。

本次元认知策略问卷（略）参照O'Malley和Chamos（1994）的

元认知策略理论，设计了十二个陈述，包括三个方面的元认知策略：

①计划策略；

②自我管理策略；

③自我评价策略。

评分方法采用4点计分：

1＝从不　2＝有时　3＝通常　4＝总是

累计分值的高低代表元认知策略使用能力的高低。

四、调查结果和分析

表1　新疆班学生英语学习动机平均值和标准差

	学习兴趣	迎接挑战	提高自我	适应社会	考试升学	取悦师长
均值 Mean	2.7991	2.7489	3.5342	3.5890	2.5388	1.8858
标准差 Std. D	1.00722	0.95588	0.74345	0.72001	2.27513	0.92901

从表1可知：

（1）新疆少数民族学生的主导性学习动机是“提高自我、胜任未来工作”和“适应社会发展”，均属于“能力目标型—远景性外在学习动机”，两项的均值都达到3.5以上，属于高强度动机；

（2）“对英语学习感兴趣”和“喜欢迎接挑战”两项“内在学习动机”均为新疆班学生英语学习的辅助性学习动机，其动机水平略强于“应付考试和升学”以及“取悦老师和家长”两项“成绩目标型—近景性学习动机”；

（3）最有助于促进英语学习能力持久性提高的“内在动机”水平在新疆班学生中并不算高，均值都在2.7～2.8之间，属中等强度。

讨论与反思：

调查结果显示，虽然是来自边远少数民族地区，新疆班少数民族学生大多对社会发展对人才的要求有着清醒的认识，能将英语学习与社会发展和未来工作的需求联系起来，把英语学习看作提高社会适应能力和自身素质的必要条件。

由于新疆少数民族学生在预科英语学习中确实存在着比其他生源更多的困难和障碍，有些学生对英语学习产生畏难情绪，也有些学生甚至对英语学习失去信心和兴趣。任课教师需要付出极大的耐心、爱心和责任心，充分利用英语学习的初级“黄金时段”，精心设计教学内容、组织教学活动和探究教学方法，以便有效激发学生学习兴趣和学习热情，帮助学生逐渐树立高水平的内在学习动机，使少数民族学生在未来的学习和职业生涯中受益。

表2　多维学习动机各因子之间的相关性（Pearson Correlation）

	学习兴趣	迎接挑战	提高自我	适应社会	考试升学	取悦师长
学习兴趣	1	0.567 (＊＊) .000	0.414 (＊＊) .000	0.101 (＊) .035	-.121 (＊) .011	-.064 .182
迎接挑战	0.567 (＊＊) .000	1	0.467 (＊＊) .000	0.103 (＊) .032	-.134 (＊＊) .005	-.053 .268
提高自我	0.414 (＊＊). 000	0.467 (＊＊) .000	1	0.386 (＊＊) .000	-.157 (＊＊) .001	-.097 (＊) .042
社会发展	0.101 (＊) .035	0.103 (＊) .032	0.386 (＊＊) .000	1	-.049 .306	0.053 .269

续表

	学习兴趣	迎接挑战	提高自我	适应社会	考试升学	取悦师长
考试升学	-. 121 (*) 011	-. 134 (* *) . 005	-. 157 (* *) . 001	-. 049 . 306	1	0. 216 (* *) . 000
取悦师长	-. 064 . 182	-. 053 . 268	-. 097 (*) . 042	0. 053 . 269	0. 216 (* *) . 000	1

* * Correlation is significant at the 0. 01 level (2 - tailed).

* Correlation is significant at the 0. 05 level (2 - tailed).

从表 2 可知：

(1) 两项“内在学习动机”之间呈极其显著的高度正相关（r =. 567 * *)。

(2) 两项“内在学习动机”与“提高自我、胜任未来工作”这一“能力目标型—远景性外在学习动机”呈极其显著的高度正相关（r =. 414 * *，r =. 467 * *)。

(3) 两项“能力目标型—远景性外在学习动机”之间呈极其显著的正相关（r =. 386 * *)。

(4) 两项“成绩目标型—近景性学习动机”之间呈极其显著的正相关（r =. 216 * *)。

(5) 两项“成绩目标型—近景性学习动机”与“内在学习动机”“能力目标型—远景性外在学习动机”之间多呈低度负相关。

讨论与反思：

调查问卷结果显示，持有高水平“内在学习动机”的新疆少数民族学生大多能自觉将英语学习与未来个人事业发展需求紧密联系在一起；而注重个人事业发展的学生大多把提高外语素质看作自身适应社会发展和竞争的需求；那些将“应付升学或考试”作为主要学习动力的学生大多也倾向于将“得到老师、家长的赞扬”作为学好英语的动力，但这类学生的内在学习动机水平往往不高，对学习没有持久兴趣，而且没有将英语学习与社会发展需求和个人事业发展有机结合在一起。

表3 英语学习动机与学习成绩的相关性（Pearson Correlation）

	学习兴趣	迎接挑战	提高自我	适应社会	考试升学	取悦师长
一年级	0.277 （＊＊） .000	0.229 （＊＊） .000	0.245 （＊＊） .000	0.045 .439	-.300 （＊＊） .000	-.157 （＊＊） -.081
二年级	0.393 （＊＊） .000	0.327 （＊＊） .000	0.280 （＊＊） .000	0.198 （＊） .020	-.341 （＊＊） .000	-.110 .198

＊＊　Correlation is significant at the 0.01 level (2 - tailed).

＊　Correlation is significant at the 0.05 level (2 - tailed).

从表3可知：

（1）新疆少数民族学生“英语学习内在动机”以及“能力目标型—远景性外在学习动机—提高自我”与英语学习成绩呈极其显著正相关；

（2）“成绩目标型—近景性学习动机—应付升学、考试”与英语学习成绩呈极其显著负相关。二年级组比一年级组在上述几点上表现出的相关程度更高。

讨论与反思：

学习动机是通过影响学生的目标设定、学习态度等来影响他们的学业成绩的：持有内在学习动机的学习者倾向于设定高远、具有挑战性的目标；面对困难时，他们会积极寻求解决问题的方法，坚持性好、忍耐力强，持之以恒，直到达到目的。

持有“成绩目标型—近景性学习动机”的学生只设定眼前目标、把“应付升学或考试”作为英语学习的主要动力，对学习本身没有兴趣时，往往采取逃避策略，遇到挫折时容易放弃，缺乏毅力，坚持性差。因此，持有不同学习动机的学习者有着完全不同的学习态度、学习方式、努力程度，进而导致完全不同的学习成绩。

另一方面，英语学习上的成败体验反过来影响着学习动机以及动机水平的强弱：成功的体验会激发学习者产生更高的内在动机，激励他们设定更远大的学习目标；而成绩不佳的学生在学习中经历了较多的挫折感和失败感，导致他们的学习兴趣和学习热情降低。由此可见，英语学习动机与英语学习成绩具有相互作用、密不可分的关系。

表 4　英语学习动机与自我效能感的相关性（Pearson Correlation）

	学习兴趣	迎接挑战	提高自我	适应社会	考试升学	取悦师长
自我效能感	0. 433（* *）	0. 411（* *）	0. 354（* *）	0. 010	-. 180（* *）	-. 159（*）
Sig. （2 - tailed）	0. 000	0. 000	0. 000	0. 881	0. 008	0. 018

* *　Correlation is significant at the 0. 01 level（2 - tailed）.

*　Correlation is significant at the 0. 05 level（2 - tailed）.

学习自我效能感是指个体的学业能力信念，是个体对控制自己学习行为和学习成绩能力的一种主观判断，是自我效能感在学习领域内的表现。

从表4可知：

（1）新疆少数民族预科学生的英语学习内在动机与自我效能感之间、外在动机“提高自我”与自我效能感之间都存在极其显著的正相关；

（2）“成绩目标型—近景性学习动机”与学习自我效能感之间存在显著的负相关；

（3）作为“主导性学习动机”的“为适应社会发展”与学习自我效能感之间并不存在显著的相关。

讨论与反思：

（1）对学习有着内在兴趣、并愿意选择富有挑战性学习任务的学习者对自己的学习能力充满自信，自我效能感高。

（2）自我效能感高的学习者倾向于将英语学习与“提高自我素质、胜任未来工作”自觉联系起来。

（3）自我效能感低的学习者常常把应付考试和升学或为老师、家长而学习作为主要学习动机，持有这种动机取向的学习者并不重视对知识的真正理解，对英语学习没有兴趣，缺乏维持学习的动力。

（4）不论自我效能感高还是自我效能感低的新疆班少数民族学生均能将“适应社会发展”视为学习英语的“主导性动机”。

表 5 英语学习动机与元认知学习策略的相关性（Pearson Correlation）

	学习兴趣	迎接挑战	提高自我	适应社会	考试升学	取悦师长
计划策略	0. 366 （＊＊） . 000	0. 207 （＊＊） . 000	0. 046 . 334	－. 076 . 111	－. 106 （＊） . 027	－. 198 （＊＊） . 000
监控策略	0. 239 （＊＊） . 000	0. 256 （＊＊） . 000	0. 139 （＊＊） . 004	0. 020 . 670	0. 017 . 719	－. 079 . 098
评估策略	0. 232 （＊＊） . 000	0. 296 （＊＊） . 000	0. 111 （＊） . 020	－. 018 . 703	－. 055 . 250	－. 166 （＊＊） . 001

＊＊ Correlation is significant at the 0. 01 level（2－tailed）.

＊ Correlation is significant at the 0. 05 level（2－tailed）.

元认知策略主要是用来监控和管理学习的过程，是对认知过程本身的再认识，是一种更高层次的学习技巧。

（1）新疆少数民族学生“英语学习内在动机”与三个方面元认知策略的运用能力之间存在着显著的正相关；

（2）“能力目标型—远景性外部动机”与元认知策略的使用能力相关性不大；

（3）“成绩目标型—近景性外部动机”与部分元认知策略的使用能力呈弱负相关。

讨论与反思：

调查结果表明，持有高水平内在学习动机的学生往往能在学习中自觉使用元认知策略，通过计划、监控和评价自身的学习行为和学习效果，最终有效提高英语语言能力和学业成绩。而语言能力和学业成绩的提高又能使学习者体验成功，进一步强化他们的内在学习动力，进而形成良性循环。

需要强调的是，任课教师应特别关注对少数民族学生元认知策略使用能力的培养。教学的终极目标是把学生培养成为知识和信息的积极寻求者和加工者，培养学生的终身学习能力，强调学习者主体性的发挥，使学生学会如何学习；因此，教会学生怎样学习以及如何控制自己的学习过程至关重要。要达到这一目的，元认知策略的运用是必不可少的。

五、结语

英语课程是少数民族预科教育的主干课程，与普通高中、大学英语教学以及全国少数民族预科班的教学相比较，既有共性和普遍性，又有其鲜明的个性特征和特殊性。新疆少数民族预科班的学生有别于其他群体的学习者，受其特殊的语言背景、文化背景、学习经历、生活环境等因素的影响，英语学习动机也有特殊性。

此次对新疆少数民族预科班学生英语学习动机的调查结果表明，多维性的英语学习动机对英语学业成绩、自我效能感、学习策略的运用都不同程度地产生直接或间接的影响。其中“内在学习动机”对提高英语学业成绩、提高自我效能感、提高元认知学习策略的运用能力都有显著的促进作用。这就要求任课教师积极探索更科学、更规范、更有效、更可行的教学策略、教学手段和教学模式，努力去发现、激发并维持学生的“内在动机”，争取新疆少数民族预科英语教学水平的不断提高。

第二节　学习风格、性格因素与英语学习的相关性调查研究

一、理论概述

（一）感知方式维度的学习风格分类

外语界对学习风格（learning style）的系统研究始于七十年代。较早系统提出学习风格的概念并对学习风格类型进行研究的学者主要有 Dunn 夫妇和 Price（1975）、Gregorc（1979）、Keefe（1979）以及 Reid（1987）等人。

但在我国，对外语学习者学习风格的研究和关注程度远远不及对学习策略以及自主学习的研究，尽管三者之间的关系密不可分。

学习风格是学习者吸收及处理新信息时采用的方法，这种方法是自然的、习惯性的，具有相对的稳定性；学习风格是具有个性化的感知和认知方式，受社会因素和情感因素的影响，决定着学习者的学习行为。

所有学习者在学习时都明显地体现出偏于用某种或某几种感知觉通道进行信息加工，也就是说，人们接受信息、进行学习，要借助不同的感觉器官，如凭耳朵听、用眼睛看、用手摸等。不同的人对不同的感觉器官和感知通道有不同的偏爱，有些人喜欢通过视觉的方式接受信息，也有一些人喜欢通过听觉了解外在世界，还有一些人更习惯通过动手或身体运动来探索外部世界，从而掌握有关信

息。不同感知觉类型的学习者，在学习上有不同的表现，所应采用的学习策略也各不相同。

从感知方式来分类，学习风格主要有视觉型、听觉型、动觉型三种类型：

1. 视觉型

视觉型学习者善于通过接受视觉刺激而学习。他们喜欢通过图片、图表、录像、影片等各种视觉刺激手段接受信息、表达信息。他们倾向于将所听到的事情想象成图像，将所要说的话以形象来取代。他们通过观察所学到的，往往比从交谈、聆听或是实际习作中所学到的东西还要多。在学习上，他们通过自己动手涂写，要比阅读文字或聆听语言更有效。这种类型的学习者喜欢阅读，而且能够比较容易地从书本上吸收知识。他们能将所读的文章轻而易举地记住，并转换为口语，因而在复述或书面测试中容易取得好成绩。他们一般都很自信，而且具有很强的自制力，学习有自主性和计划性，有时还具有创造性。

2. 听觉型

听觉型学习者善于通过接受听觉刺激进行学习。他们喜欢通过讲授、讨论、听磁带录音等口头语言的方式接受信息。

这种类型的学生上课一般都能认真听讲，按时完成老师布置的作业。

3. 动觉型

动觉型学习者喜欢通过双手和整个身体运动进行学习，如通过做笔记、在课本上划线、亲自动手操作等来学习。他们不喜欢老师整堂课的讲解和板书，也不擅长言语表达。他们往往在体育、自然、课外活动等需要他们动手操作和实验的学科中表现得较为突出。这类学习者往往比其他学习者有着更大的发展潜力。这种学习类型的学生做事一般都比较守信，而且一旦集中于某事，就会做出很好的成绩。

上述三种类型的学习者的学习各有长处。学习者要了解自己属于哪一种类型，充分发挥优势，弥补不足。

（二）心理活动维度的性格分类

每个人都有自己的性格。性格的分类方法有多种，其中一种分类方法是根据个人的心理活动倾向性进行划分，这种分类得到大多数心理学家的认同。

1. 外向型

有些人的心理活动明显表露在外，倾向于外部世界，这些人被称为性格外向者。

外向的人常将自己的想法不加考虑地说出来，这类人心直口快、活泼开朗，且与人交往时待人热情诚恳、不拘小节，适应环境的能力较强。

2. 内向型

有些人的心理活动内敛、含蓄，倾向于内部世界，这些人被称为性格内向者。

内向的人比较关注个人内心，不乐衷于参加各种聚会。由于他们有强烈的自我意识，所以身处人群中时，会格外在乎别人对自己的看法，这也使得他们在人多的场合会有些局促不安。内向的人在处理他们的情绪、思考和观察时往往是默默在内心完成，外人不易觉察到。他们也可以是很会社交的人，但不如外向的人那么易向别人透露自己的内心；他们相对沉静，在应对某种情况之前都需自己思考琢磨一番，然后想出对策。

在社会生活中，极端外向型性格和极端内向型性格很少见，大部分人属于中间类型，即性格兼有部分外向型和部分内向型的特点，或者属于偏外向型或偏内向型性格。

有关学习者性格特征与学习效果关系的研究表明，学习者的性格对学习效果有影响，具有外倾个性特征的学习者在学习中需要较强的刺激，更适合于加工迅速提供的信息；而具有内倾个性特征的学习者更适合于加工较慢或需要反思的信息。

本文将探讨学习者学习风格、性格因素与外语学习效果的关系，以及学习风格及性格因素之间的相关性。

二、研究设计

（一）研究问题

本研究涉及以下几个方面的问题：

1. 少数民族预科学生在学习风格、性格因素方面表现出的主流倾向。

2. 少数民族预科学生学习风格、性格因素与学习成绩之间的关系。

3. 不同学习风格、性格因素之间的相关性。

（二）研究对象

本次研究的对象是一年制少数民族预科生共 152 名，其中男生 86 人，女生 66 人，他们来自二十余个少数民族。做问卷调研前，调研组成员详细耐心解说了此次调研的目的和意义，使得学生们对自己的学习风格有较强的了解欲望，他们希望认识自身的学习风格及其优势和局限性，因此他们参与问卷调查时均能做到认真客观。

（三）研究工具

本研究采用三种途径收集数据信息：

1. 问卷调查：关于学习者的学习风格、性格特征的自我评估调查表；

2. 实验前英语测试：涉及听、读、写、译四项技能，试卷难度相当于高考英语试卷；

3. 成绩统计：采用入学英语分班考试成绩、期中考试成绩以及实验前英语测试成绩三项的平均分。

问卷调查采用奥克斯福德（Rebecca L. Oxford，1993）设计的 ‘Style Analysis Survey（SAS）：Assessing Your Own Learning and Working Styles’，封闭式分级量表结构，针对每一种学习风格及性格特征设计十个问题。评分方法采用4点计分：

1 = 从不　2 = 有时　3 = 通常　4 = 总是

问卷内容涉及：

1. 感知性学习风格：分为 visual preference（视觉偏爱型），auditory preference（听觉偏爱型），hands - on preference（动觉偏爱型）

2. 性格特征：分为 extroverted（外向型）和 introverted（内向型）。

在收集完所有数据后，使用社会科学统计软件包 SPSS13.0 for windows 版进行数据处理和分析。

（四）数据收集和分析

本次关于学习风格和个性特征的调查共发放问卷 152 份，为保证答卷的客观性，教师事先未对问卷内容和分数统计方法做任何暗示，只强调了进行本次调查的重要性。调查结束后，对答卷内容分项进行统计和分析。

三、调查结果与分析

表1　不同感知性学习风格自评分数统计结果

	视觉型	听觉型	动手型
Mean	14.98	13.15	13.05
Std. Deviation	4.220	3.718	4.794

表2　不同感知性学习风格差异显著性 t 检验

	t	Sig（2 – tailed）
视觉型 听觉型	3.231	0.002
视觉型 动手型	2.975	0.004
听觉型 动手型	0.17	0.866

讨论与反思：

从表1的统计结果来看，感知性学习风格中视觉型学习风格略占优势，平均值分别高出听觉型及动手型 1.83 分和 1.93 分；听觉型和动手型平均分值差别不大，但动手型的标准差高出听觉型 1.076 分，这说明不同学习者在完成动手型学习任务时差异较大；为了检测三个平均数之间是否存在实质差异，我们对此进行了 t 检验（见表2），结果显示，视觉型与听觉型之间、视觉型与动手型之间的差异具有统计学意义。

统计结果与 Reid（1987）的调查结果是一致的。Reid 在对来自不同文化背景的英语学习者学习风格的调查研究中发现，中国学生普遍对“视觉学习模式”情有独钟。Reid 对这一结果的解释是：中国文字的象形性（pictorial nature）一定程度上决定了中国人的学习风格。国外研究显示，年龄因素也会影响学习风格，不同年龄阶段的学习者的学习风格各有特点，例如：儿童在“动手学习模式”“视觉学习模式”和“听觉学习模式”下学习效果都令人满意，因此他们对具有视听效果的音像学习材料、卡通画面，以及可以动手参与的活动都表现出浓厚的学习兴趣。随着年龄增长，学习环境的改变，学习者大多逐渐向“听觉学习模式”和“视觉学习模式”转化（Keefe，1979）。

我们认为，中国传统的教育思想、现行教学方法和现有教学条件对视觉型学习风格的形成起着不可忽视的作用。因为中国传统英语教学大多以语法和阅读学习为主，通过视觉输入的信息量远远大于通过听觉和动手体验方式输入的信息量。尽管近几年随着教学理念的转变和教学条件的改善，外语教学领域已开始重视利用多元化、立体化的多媒体教学手段，但在很多地区和学校，特别是边远少数民族地区，教育资源相对落后，传统的英语教学模式依然是主流，相当多的学习者逐渐形成以依赖视觉感官接受信息的学习风格。

表 3　性格特征自评分数统计结果

	外向型	内向型
Mean	15. 169	10. 678
Std. Deviation	5. 0792	4. 922

讨论与反思：

表 3 的结果表明，性格特征方面，外向型平均值显著高于内向

型平均值，差值达到4.5分。另通过t检验可得结果，两者之间在统计学意义有显著差异。

这一结果与国内外的很多研究结果有较大的差异：国内外的很多研究结果都表明，中国学生相对比较内向，课堂上沉默寡言，喜欢独自学习。

那么应该如何解释和理解此次的调查结果呢？

笔者认为可以从以下两个方面来解释：

1. 随着交际法、合作式学习以及任务教学法被越来越多地引入我国中小学外语教学课堂，学习者在外语学习过程中表现出的合作意识、交往能力和沟通愿望都比以前有明显的提高和改观，许多学生逐渐克服了害羞、胆怯心理，愿意积极参与语言交流活动，在外语学习过程中外向型个性越来越成为主流特征，这是一个可喜的现象。

2. 由于文化环境、生活环境的影响，少数民族学生总体上比汉族学生的性格更趋外向型，他们中有相当比例的学生性格豪爽、热情奔放，乐于表达，这种个性特征明显反映在英语课堂气氛上，课堂上少数民族同学们大多能比较踊跃发言，乐于表达和交流、积极回答问题。

表4　学习风格、性格特征与学习成绩的相关性调查

	视觉型	听觉型	动手型	外向型	内向型
r	0.047	-0.158	-0.163	0.249	-0.204
Sig. (2-tailed)	0.721	0.231	0.218	0.057	0.120

注：学习成绩取入学分班英语成绩、期中考试成绩和实验前测试成绩的平均值。

讨论与反思：

表4统计结果表明：

1. 三种感知型学习风格与学习成绩之间的相关性不大，r值分别为0.047、-0.158、-0.163，对这种相关关系密切程度的检验表明相关性是不明显的。

学习风格本质上是一种中性的东西，不存在“好”与“坏”之分，也不存在所谓“有利于学习”或“妨碍学习”的感知型学习风格。

2. 个性特征与英语学习成绩存在弱相关性，外向型个性与学习成绩呈正相关（r = 0.249），内向型个性与学习成绩呈弱负相关（r = -0.204），但不具有统计学意义。这说明性格因素对外语学习成绩的影响并不明显，只要学习努力，学习策略、学习方法得当，两种性格特征的人都可以成为成功的外语学习者。但这一统计结果也在一定程度上表明，学习者在语言学习过程中如果能够更多地展示出外向型性格特征，相互沟通、主动交流、积极合作和相互促进，则有助于提高英语学习效率和成绩，这也是外语学习的性质和特点所决定的。

表5　学习风格与个性因素之间相关性调查

	视觉型	听觉型	动手型	外向型	内向型
视觉型	r　1.000 － － －				
听觉型	r　0.405 * * 0.001	r　1.000 － － －			

续表

	视觉型	听觉型	动手型	外向型	内向型
动手型	r 0.393 * * 0.002	r0.437 * * 0.001	r 1.000 - - -		
外向型	r 0.142 0.284	r0.358 * * 0.005	r 0.102 0.444	r 1.000 - - -	
内向型	r 0.084 0.529	r -0.119 0.370	r 0.280 * 0.032	r -0.616 * * 0.000	r 1.000 - - -

Sig.（2 - tailed） * * $p<0.01$. * $p<0.05$

讨论与反思：

从表5统计结果可以看出，视觉型与听觉型之间（r = 0.405 * *）、视觉型与动觉型之间（r = 0.405 * *）、听觉型与动觉型之间（r = 0.437 * *）、听觉型与外向型之间（r = 0.358 * *）、动觉型和内向型之间（r = 0.280 *）都呈显著正相关性，这些统计数据说明：

1. 各种感知能力之间不是相互排斥、相互抵消的，而是相辅相成、相互促进的。几乎所有人都能不同程度地利用每一种感知模式吸收新知识；学习能力强的人往往能够充分调动各种感知能力去获取信息，并善于进行自我调整，以适应不同的学习条件和多变的教学环境，表现出较强的应变能力，而学习能力弱的学习者则缺乏灵活性，各方面的感知能力和学习潜力都没有得到很好的利用和挖掘。

2. 具有外向型个性特征的学习者偏爱、或者说更喜欢通过听觉感官吸收信息，而具有内向型个性特征的学习者偏爱、或者说更适合通过动手体验的方式学习知识，这是一个有趣的统计结果，有待在今后的研究中进一步探究和验证。

四、结语

本研究的统计结果可以从以下几个方面给从事少数民族预科英语教学的老师带来启示:

1. 文化背景、社会环境、教育理念、教学方法、学习条件等对学习者的学习风格有着潜移默化的影响。

2. 学习风格、性格特征与语言学习的成败之间没有必然的关系，寻找出所谓“有效而实用的”学习风格来加以推广和宣传是不可取的，也是不科学的；每一种学习风格都有其长处和局限性，只要能扬长避短、因势利导，充分利用感知和个性特征方面的优势和潜能，具有不同学习风格和个性特征的学习者都能够达到理想的学习效果。

3. 教师应研究多元化、立体化的教学模式，尽可能使自己的教学方法，组织的课堂活动、布置的任务为具有不同学习风格和个性特征的学生提供发挥潜能和特长的机会。

4. 作为认知工具，计算机多媒体教学构建了一种立体化、多元化、非线性的学习环境，它把文本、动画、声音等信息结合在一起，为具有不同认知风格、学习风格、性格特征的学生提供了全方位、立体化的学习手段和途径，也为他们实践自主性学习、个性化学习开辟了广阔的空间，应成为外语教学的发展方向。

5. 传统教学评价体系（纸笔测试和标准化测试）用统一的标准化方式进行评价，过分强调学生学习和思维方式的统一性，掩盖了学生学习过程中感知方式和认知方式的差异性和独特性，不能客观公正地反映学习者的综合语言能力，因此评价方式的改革是外语教育改革不可回避的问题。

6. 应尽快建立多元立体化教学评价体系。多元评价应更加注重学生对知识的自我建构，注重评价与实际能力的联系，注重解决问题能力和创造能力的培养。这种关注学生个体差异的评价观念，更符合“以人为本”的教学理念。在进行评价时，可以选择纸笔评价方式以外的方式，如观察、访谈、表演、自我报告、真实性情景下的问题解决、同学互评、自评等方式。

当前，对于国内外语言教学界大力提倡的“以学生为中心”的教学模式，我们非常赞同 Kate Kinsella（1995）的观点：“以学生为中心”不仅仅意味着给学生更多的时间开展小组活动，或让学生自己选择学习任务，定期开展课堂讨论等，在真正以学生为中心的课堂教学中，教师了解并尊重每一位学生的认知和感知特点、个性特征和学习风格，努力为学生提供各种获取信息和掌握技能的选择；课堂气氛是民主的、宽松的，在这样的氛围中，所有学生都有平等的机会发挥自己的认知特点和学习风格，充满信心地迎接学习上的各种挑战。

我们认为，了解并尊重学习者的性格特征和学习风格是“以人为本”的教育理念在教学中的具体体现，是素质教育的一项重要内容。

第三节 少数民族预科生英语学习观念因素分析

少数民族本科预科学生大都来自祖国的边远地区，与内地学生相比，在语言、风俗、宗教信仰、生活习惯以及教育基础等方面有较大差异，属于特殊的学习群体。就英语学习状况而言，少数民族预科生普遍呈现低水平、多层次的特点。“民考民”的少数民族预科生（少数民族考生在高考时使用本民族语言的试卷）不但汉语基础普遍薄弱，而且英语水平也很低，很多学生甚至从未接触过英语；“民考汉”的少数民族预科生（少数民族考生在高考时使用汉族考生参加高考同样的试卷）中也有很多学生并没有达到高中毕业生的英语水平。因为英语基础薄弱，加之一部分学生没有形成良好的英语学习观念，少数民族预科生在英语学习方面普遍感觉吃力，有些学生会出现沮丧悲观等消极情绪。

一、国内外研究综述

学习观念是个体的较高层次的认知，它直接作用于学习者具体的学习行为，不但对学习者的课堂经历产生很大的调节作用，而且是选择和激活不同学习策略的基础，因而对学习者学习风格的形成和学习策略的选择产生巨大的影响。

外语学习观念研究涉及以下三个方面：形式操练观念、功能操练观念、母语观念。

1. 形式操练观念认为：学习单词、语音和语法知识要通过精读、精听方式，注重语言的准确性训练。

2. 功能操练观念认为：外语学习要进行大量的听说读写交际活动，突出语言的流利性。

3. 母语观念认为：学好外语要以翻译为手段，要通过将目的语翻译为母语来学习。

多年来，国外研究者对外语学习观念展开了大量的研究。Horwitz（1987）首先用“belief”一词描述人们对如何学好外语的看法。Abraham& Vann（1987）概括为“学习者的哲学（learners’philosophy)”，指的是学习者在学习过程中对指定学习计划或策略的看法。Hosenfield（1978）提出第二语言学习的“微型理论”（mini－theory)，用来描述如何学好外语的看法。Bransford（1979）认为学习者特点是影响学习过程的四大因素之一。Wenden（1987）认为学习观念在认知心理学中与元认知知识可以相互替换。Lado（1957）研究了在跨文化语言教学中教师应该注意的事项。Lightbown（1999）从宏观的角度论述了如何学习语言。

少数民族预科教育是具有“中国特色”的教育措施，但国内学者针对少数民族预科生的英语学习观念的研究数量也不多，总的来说，对英语学习观念的研究主要是宏观的。

文秋芳（1996）认为英语学习观念是英语学习方法的一部分，是关于如何学好英语的各种看法和认知，而管理观念是个人对学习的管理活动，包括确定学习目标、制订学习计划、选择并调整学习策略等。

胡志军（2007）认为学习者的外语学习观念可以分为语言的观念、学习者的观念和学习的观念，并探讨了英语学习观念体系的构建问题，分析了学习者英语学习观念体系的构成和特征。

吴霞（2003）从维吾尔族学生对英语的主观认识、学习动机、焦虑程度及对含混现象的容忍程度等多个方面对维吾尔族学生英语学习观念进行了调查。

姚梅林（2004）从心理学的角度研究了学习信念。

少数民族预科生是一个处于特殊学习阶段的特殊英语学习群体，目前针对这一特殊群体的英语学习观念的研究有待深入和加强。

二、调查问卷

为了全面而准确地了解少数民族预科生的英语学习观念，本文对调查问卷进行了详细的设计。调查问卷包括两部分，从五个调查角度进行设计。

在调查问卷设计方面，参考了《英语学习情况调查问卷》《语言学习观念调查表》等文献资料。另外，本文作者多年来一直从事少数民族预科生的英语教学与科研工作，积累了一定的经验，并将这些教学、科研经验融入调查问卷设计过程中。

调查问卷从以下五个方面，全面考察少数民族预科生的英语学习观念：

（1）学生对英语学习的主观认识；

（2）学生的英语学习管理观念；

（3）学生的英语学习功能操练观念；

（4）学生的英语学习形式操练观念；

（5）学生母语对学生英语学习的影响。

调查问卷的题目包括两部分：

（1）学生个人简况

包括年龄、性别、民族和班级等四个方面的信息。

（2）学生的英语学习观念

调查题目采用 Likert 五级量表的设计方式，每道题目分别设计五个选项让学生单选：

① "完全不符合我的情况"（5分）；

② "通常不符合我的情况"（4分）；

③ "有时符合我的情况"（3分）；

④ "通常符合我的情况"（2分）；

⑤ "总是符合我的情况"（1分）。

在调查问卷设计过程中，通过区分度检验的方法，计算每个题目分数与总分的相关系数，删除了与调查问卷总体没有显著性关系的题目，调查问卷最终保留了38道题目。

表1 英语学习观念量表信度检验

因子名称	题目数	Alpha 系数
学习者主观认识	7	0.626
管理英语学习	7	0.845
英语形式操练	4	0.600
英语功能操练	12	0.895
母语观念	8	0.810

为了验证调查结果的准确性与可靠性，通过信度检验方法对调查表中的题目进行了量化分析。利用SPSS统计软件得到了Alpha系数，如表1所示。分析结果表明，调查问卷中的题目能够真实反映调查目的，可用于本次调查研究工作。

三、调查对象

选择北京邮电大学民族学院少数民族本科预科生为调查对象。

为了进行广泛的调查，全面了解少数民族预科生的英语学习观念，充分发挥调查问卷的作用，调查过程中采取抽样调查的原则，共在民族学院抽取六个班级 230 名学生进行问卷调查，并收回有效问卷 218 份。

参与问卷调查的学生中，男生 80 名，女生 138 名。“一年制全国班”三个班（按英语水平划分，“好”“中”“差”各一个班）；“两年制新疆班”三个班，其中一年级一个班（英语处于“中等”水平）、二年级两个班（英语成绩“好”“差”各一个班）。调查对象的基本信息如表 2 所示。

表 2　调查对象基本信息（N = 218）

<table>
<tr><th colspan="2">性别/人数</th><th colspan="2">民族/人数</th><th colspan="2">班级/人数</th></tr>
<tr><td rowspan="2">男</td><td rowspan="2">80</td><td>维吾尔族</td><td>76</td><td>新疆一年级</td><td>65</td></tr>
<tr><td>哈萨克族</td><td>75</td><td>新疆二年级</td><td>63</td></tr>
<tr><td rowspan="2">女</td><td rowspan="2">138</td><td>回族</td><td>7</td><td rowspan="2">全国班</td><td rowspan="2">90</td></tr>
<tr><td>其他</td><td>60</td></tr>
</table>

四、调查结果

利用统计软件 SPSS，从如下三个方面对收回的有效问卷进行分析：

1. 在少数民族预科生的英语学习观念中，哪种观念占主导地位？各种观念之间的关系是什么？

2. 不同母语的少数民族预科生，英语学习观念有什么差异？

上述三个方面，分别从不同角度探究少数民族预科生的英语学习观念。

（一）英语学习观念描述性分析

为了分析学生的英语学习观念，从“学习者主管认识”“管理英语学习”“英语功能操练”“英语形式操练”“母语观念”等五个方面，对少数民族预科生的英语学习观念进行了统计（见表3）。

表3　英语学习观念总体比较（描述性数据）

因素	样本	均值	标准差
管理英语学习	218	4.0304	0.65532
学习者主观认识	218	3.2854	0.43168
英语功能操练	218	3.8838	0.69197
英语形式操练	218	2.9776	0.56043
母语观念	218	3.0912	0.75474

从表3可以看出，管理英语学习的均值最高，在4.0以上；其次是英语功能操练观念，均值在3.8以上；再次是主观认识观念，均值在3.2以上；然后是母语观念，均值在3.0以上；英语形式操练观念均值最低。

（二）英语学习观念相关性分析

在上述统计分析的基础上，对少数民族预科生英语学习观念之间的关系进行了分析，具体是管理英语学习、英语功能操练、英语形式操练、母语观念之间的关系（分析结果见表4）。

表4　英语学习观念之间的皮尔逊相关系数

因素	相关系数及相关性	学习者主观认识	管理英语学习	英语功能操练	英语形式操练	母语观念
学习者主观认识	皮尔逊相关系数	1				
	显著性（双侧）					
管理英语学习	皮尔逊相关系数	0.203＊＊	1			
	显著性（双侧）	0.003				

续表

因素	相关系数及相关性	学习者主观认识	管理英语学习	英语功能操练	英语形式操练	母语观念
英语功能操练	皮尔逊相关系数	0.299＊＊	0.563＊＊	1		
	显著性（双侧）	0.000	0.000			
英语形式操练	皮尔逊相关系数	0.247＊＊	0.061	0.150＊	1	
	显著性（双侧）	0.000	0.373	0.027		
母语观念	皮尔逊相关系数	0.222＊＊	0.026	0.129	0.295＊＊	1
	显著性（双侧）	0.001	0.700	0.056	0.000	

＊＊ Correlation is significant at the 0.01 level (2-tailed).

＊ Correlation is significant at the 0.05 level (2-tailed).

讨论与反思：

从表4可知，少数民族本科预科学习观念各因素之间具体的相关关系为：

①学习者主观意识与管理英语学习观念、英语功能操练观念、英语形式操练观念和母语观念均呈强正相关，相关系数分别为0.203＊＊、0.299＊＊、0.247＊＊和0.222＊＊；

②管理英语学习观念与英语功能操练观念呈强正相关，相关系数为0.563＊＊；

③英语功能操练观念与英语形式操练观念呈中度正相关，相关系数为0.150＊；

④英语形式操练观念与母语观念呈强正相关，相关系数为0.295＊＊。

上述相关关系说明各项观念之间存在比较紧密的相互影响和制约关系。具体而言，学习者主观认识与其他四项观念都存在强正相关关系，这说明学习者主观认识是构成英语学习观念的重要因素，可以通过改变学习者对英语学习的主观认识来转变英语学习观念。

（三）英语学习观念偏相关分析

为了获得英语学习观念各因素在消除其他变量影响后的确切相关系数，对其进行偏相关分析。结果见表5、表6、表7和表8。

表5　学习者主观认识与其他英语学习观念的偏相关分析

模型	非标准化系数		标准系数	t	Sig.	相关性		
	B	标准误差				零阶	偏	部分
（常量）	1.942	0.232		8.356	0.000			
管理英语学习	0.044	0.050	0.066	0.868	0.387	0.203	0.059	0.055
英语功能操练	0.136	0.048	0.218	2.816	0.005	0.299	0.189	0.178
英语形式操练	0.130	0.051	0.168	2.531	0.012	0.247	0.171	0.160
母语观念	0.082	0.038	0.143	2.147	0.033	0.222	0.146	0.135

a. 因变量：学习者主观认识

表6　管理英语学习观念与其他学习观念的偏相关分析

模型	非标准化系数		标准系数	t	Sig.	相关性		
	B	标准误差				零阶	偏	部分
（常量）	1.926	0.339		5.687	0.000			
英语功能操练	0.528	0.056	0.557	9.385	0.000	0.563	0.541	0.529
英语形式操练	-.024	0.071	-.021	-.342	0.732	0.061	-.023	-.019
母语观念	-.045	0.052	-.052	-.861	0.390	0.026	-.059	-.049

a. 因变量：管理观念

讨论与反思：

从表5可知，在消除其他变量影响后，学习者主观认识与英语功能操练观念强显著相关，偏相关系数为0.189，与英语形式操练观念和母语观念显著相关，偏相关系数分别为0.171 和0.146，与管理英语学习观念不相关。

讨论与反思：

从表6 可知，在消除其他变量影响后，学习者管理英语观念与英语功能操练观念强显著相关，偏相关系数为0.541，与英语形式操练观念和母语观念不相关。

表7　英语功能操练观念与其他学习观念的偏相关分析

模型	非标准化系数		标准系数	t	Sig.	相关性		
	B	标准误差				零阶	偏	部分
（常量）	0.393	0.371		1.057	0.292			
英语形式操练	0.073	0.072	0.059	1.011	0.313	0.150	0.069	0.055
母语观念	0.057	0.053	0.062	1.061	0.290	0.129	0.073	0.058

a. 因变量：英语功能操练

讨论与反思：

从表7 可知，学习者英语功能操练观念与英语形式操练观念及母语观念在控制其他变量的情况下不相关。

表8　英语形式操练观念与其他学习观念的偏相关分析

模型	非标准化系数		标准系数	t	Sig.	相关性		
	B	标准误差				零阶	偏	部分
（常量）	1.508	0.337		4.469	0.000			
母语观念	0.183	0.049	0.247	3.745	0.000	0.295	0.249	0.240

a. 因变量：英语形式操练

讨论与反思：

从表8 可知，学习者的英语形式操练观念在控制其他变量的情况下与母语观念强显著相关，偏相关系数为0.249。

（四）不同母语背景分析

为了了解不同母语的少数民族本科预科学生在英语学习观念中的差异，做了如下统计（见表9）。

表9 不同母语背景统计表

因素	母语	N	均值	标准差
学习者主观认识	汉语	56	3.2857	0.33223
	民族语	164	3.2863	0.46076
管理学习过程	汉语	56	4.1138	0.58157
	民族语	164	4.0008	0.67414
英语功能操练	汉语	56	3.9211	0.57657
	民族语	164	3.8729	0.72881
英语形式操练	汉语	56	2.8973	0.44982
	民族语	164	3.0134	0.59459
母语的影响	汉语	56	2.7500	0.75302
	民族语	164	3.2172	0.72065

讨论与反思：

从表9可知，母语为民族语、母语为汉语的少数民族预科生，在英语学习中持有的母语观念差异显著。母语为民族语的学生，在英语学中更倾向于依赖民族语记住发音，并翻译成民族语来学习英语。

五、结论

调查结果表明，英语学习观念中少数民族本科预科学生的管理英语学习观念最强，其次是英语功能操练观念、主观认识和母语观念，最弱的是英语形式操练观念。这些结果表明，在少数民族预科生英语学习中，学生普遍认识到要有计划、有目标地合理规划英语学习，针对自己的特点选择合适的策略，同时认为学好英语要大量进行听说读写的训练，主观上也认识到英语学习应主要依靠自身努力。同时在英语学习中一定程度上会依赖母语发音和翻译，也注重强化语言知识的准确性。

皮尔逊相关分析表明学习者主观意识与管理英语学习观念、英语功能操练观念、英语形式操练观念和母语观念均呈强正相关。这说明注重个人努力的学生会有计划地管理英语学习，进行大量听说读写训练和语言知识学习，也会在一定程度上依赖母语进行英语学习（例如将英语翻译为母语）。管理英语学习观念与英语功能操练观念显著相关，说明英语学习中有计划有目标的学生会注重英语的交际实践。英语形式操练与母语观念显著相关，说明赞成英语形式操练观念、通过准确记忆进行语言知识学习的学生，在英语学习中母语观念较强，学习中较依赖母语。

偏相关分析表明学习者主观认识与英语功能操练、学习者管理英语观念与英语功能操练观念、英语形式操练观念与母语观念均呈强显著相关。这也说明学生越注重个人努力，越会花时间进行听说读写的训练，同时有计划、有目标地进行英语学习的学生也会注重听说读写的交际训练，但是注重准确记忆语言知识的学生在英语学习中会更依赖母语。

通过对母语背景进行分析，发现母语为民族语的少数民族预科生，英语学习观念更为传统，学习中较多依赖母语。

Lado（1957）认为，目的语和母语的相似之处会给学习者的学习过程带来正迁移，学习者学习起来会觉得容易，而两种语言的不同之处则会带来负迁移或者干扰，学习者学习起来会感觉困难一些。一些少数民族语言在语法、语音和词汇上都与英语有着相似之处。例如，维吾尔族语在其发展中引入许多外来词，其中部分为英语词语。母语为民族语的少数民族预科生，大多来自偏远的民族地区，接触英语时间很短，中介语（汉语）的水平也相对较低，当他们在中介语（汉语）的环境中学习英语的时候会自然地依赖母语，特别是当记忆英语单词发音以及遇到较难理解语法现象的时候，母语为民族语的学生更倾向于通过母语给单词注音，给教材注释，进行英语学习。

六、英语教学中学习观念的培养途径

为了提高少数民族预科生这一特殊群体的英语学习成效，结合对问卷调查的分析以及得到的结论，对少数民族预科英语授课老师给出以下建议。

（一）提高学生对英语及英语在未来专业学习中作用的认识

对于那些来自偏远地区，没有学过英语或者之前英语学习时间较短的学生，英语教师应帮助学生认识英语学习的重要性、英语学习的本质以及学生自身的优势。预科学生到目标大学要学的专业相对复杂，教师要有意识地在授课中联系不同专业知识遣词造句，帮助学生认识英语与不同专业的关联，强化英语在各专业中的实用性。

（二）为学生提供更多交际训练机会

英语教师应该为学生提供更多的英语实际交际训练的机会，鼓励更多少数民族学生从简单的英语知识学习转向英语能力训练。

（三）关注学生语言和文化

英语教师应该加强有关少数民族语言、文化、地理等方面的知识的学习，强化对少数民族语言和文化的理解和认知，增强由于语言和文化不同带来差异的包容。英语教师更应该认识到民族语和中介语（汉语）、民族语与英语的正负迁移对英语学习的影响，帮助学生正确处理母语、目的语和中介语之间的关系。

（四）创造多元文化英语教学环境

英语教师应该注重新技术在教学中的应用，积极改革教学，以多媒体、网络教学平台、微信平台等多种方式加强文化导入，在英语教学的同时，帮助少数民族学生理解不同的文化，并包容不同文化带来的差异，缓解英语学习中由于文化差异带来的压力。让学生在英语学习过程中，体验东西方文化以及不同民族文化之间的碰撞与融合，并从中寻得乐趣，提高学生英语学习的兴趣。

第四节　学习者情感因素与英语学习的相关性研究

一、相关理论概述

（一）情感过滤说（The Affective Filter Hypothesis）

外语学习效果除了涉及一些客观因素（如学习环境、自身的天赋、教师的水平等）外，还涉及学习者自身的情感因素。“情感过滤说”旨在解释情感因素影响外语学习的过程，其定义为：“一种内在的处理系统，它潜意识地通过情感因素来促进或阻止学习者对语言的吸收。”情感过滤说认为，有了大量适合的输入环境并不等于学生就可以学好目的语，第二语言习得的进程还受到情感因素的影响。语言输入（input）必须通过情感过滤才有可能变成语言的“吸入”（intake）。情感过滤在外语学习中所起的作用见下图：

从图中可以看出，在语言输入到达大脑语言习得机制的过程中，过滤是输入的语言信息必须逾越的第一道障碍，也就是说，情感因素起着促进或阻碍语言信息输入的作用。

情感过滤是外语学习中存在个人差异的主要原因之一，其中学习动机、自信心、意志力、学习兴趣和焦虑情绪对外语学习的速度和效果有明显的影响。

（二）学习风格理论（Learning Style）

学习风格是指人们在学习时所具有或偏爱的方式，是学习者在研究和解决学习任务时所展现出的个人特色和风格。对于学习风格的分类存在着许多理论假设和界定，也就是说，学习风格是多维度的，其中一个理论——“场独立型”（field independence）与“场依存型”（field dependence）来源于威特金（Witkin，1977）对知觉的研究。

场独立型与场依存型是两种普遍存在的认知方式。场独立型者对客观事物作判断时，倾向于利用自己内部的参照，不易受外来因素影响和干扰；在认知方面独立于周围的背景，倾向于在更抽象和分析的水平上加工，独立对事物做出判断。

场依存型者对物体的知觉倾向于以外部参照作为信息加工的依

据，难以摆脱环境因素的影响。他们的态度和自我知觉更易受周围的人，特别是权威人士的影响和干扰，善于察言观色，注意并记忆言语信息中的社会内容。

场独立型、场依存型与学生的学习有着密切的关系，研究表明，场独立型者善于运用分析的知觉方式，而场依存型者则偏爱非分析的、笼统的或整体的知觉方式。

（三）自我效能理论（Self – efficacy Theory）

班杜拉（1977）在他的动机理论中指出，效能期望是指个体对自己能否进行某种行为的实施能力的推测或判断，即人对自己行为能力的自我信念。它意味着人是否确信自己能够成功地进行能够带来某一结果的行为。当人确信自己有能力进行某一活动时，他就会产生高度的“自我效能感”，并会去积极、主动从事这一活动。

自我效能理论认为，学生的自我效能感会影响其学业成绩和学习情感（兴趣、意志力和焦虑感等），自我效能感高的学习者会设定高的学习目标、信心十足地迎接有挑战性的学习活动，充分发挥自身潜能；相反，如果学习者认为自己没有能力应对面临的学习任务，他们会产生焦虑和悲观情绪，即低自我效能感是产生焦虑的主要原因。通过改变学生的认知，增强他们对学业的自我效能感，可以达到增强信心，克服焦虑情绪、提高学习成绩的目的。

二、研究设计

（一）研究问题

1. 情感因素在少数民族学生英语学习中的影响程度；

2. 情感因素在少数民族学生个性特征、学习风格、学习成绩方面的差异调查；

3. 少数民族学生英语学习中情感因素之间的相关性调查。

（二）研究对象

参加答卷者是一年制全国班少数民族学生人数为 278 人。此次调查共收到有效答卷 263 份，学生分别来自蒙古族、维吾尔族、回族、藏族、土家族、壮族等 26 个少数民族。

（三）研究手段

本研究采取问卷调查方式。问卷分以下几部分：

1. 学习者个性特征、学习风格以及学习成绩的调查

问卷第一部分：对少数民族学生的个性特征、学习风格以及学习成绩的调查。

个性特征的问卷调查是在参照艾森克个性问卷（Eysenck Personality Questionnaire）的基础上自行设计的，内容涉及：extroverted（外向型）、introverted（内向型），和 mixture（混合型），本次只取内向型（102 人）和外向型（74 人）作为对照组进行比较。

学习风格的问卷调查是参照了 Kate Kinsella & Kathy Shear（1993）设计的 'Classroom Work Style Survey'，内容涉及：Field - independence（场独立型），Field - dependence（场依赖型）和 mixture（混合型）。本次只取场独立型（135 人）和场依赖型（90 人）作为对照组进行比较。

学习成绩是根据学生的入校分班考试成绩统计的，我们此次只取高水平班（64 人）和低水平班（96 人）作为对照组进行比较。

收集完数据后，使用社会科学统计软件包 SPSS13.0 for Windows 版进行处理和分析。

2. 情感因素在英语学习中影响程度的自我评价

问卷第二部分：列出对语言学习影响较大的四项情感因素。请少数民族预科生对这些情感因素在英语学习中的作用程度进行自我评价。

问卷采用封闭式分级量表结构，为避免趋中效应，共分4级，1=弱，2=较弱，3=较强，4=强。在收集完数据后，使用社会科学统计软件包SPSS for Windows 13.0版进行数据分析。下面是问卷内容：

亲爱的同学：请根据自身情况，对以下情感因素的分值进行选择，谢谢！

（分值的含义：1=弱　2=较弱　3=较强　4=强）

学好英语的自信心	-----------	1	2	3	4
英语学习中的意志力	-----------	1	2	3	4
学习英语的兴趣	-----------	1	2	3	4
学习英语中的焦虑情绪	-----------	1	2	3	4

3. 不同个性特征、学习风格、学习成绩的学生群体在情感因素方面的差异调查

基于假设：个性特征、学习风格、学习成绩对学习者的情感因素产生不同的影响，笔者对不同个性特征、学习风格、学习成绩的学习群体情感因素作用的差异进行显著性检验。

4. 英语学习中情感因素之间的相关性

基于假设：情感因素之间可以相互作用，积极的情感因素相互强化，相互促进，并可以抵消负面消极的情感因素。根据收集的数

据，对四项情感因素进行 Pearson 相关性分析。

三、研究结果及分析

表 1　全体学生给四项情感因素的分值的频数和百分比分布（N = 263 人）

分值	1（弱）	2（较弱）	3（较强）	4（强）
自信心	（7 人） 2.7%	（34 人） 12.9%	（123 人） 46.8%	（99 人） 37.6%
意志力	（7 人） 2.7%	（75 人） 28.5%	（130 人） 49.4%	（51 人） 19.4%
学习兴趣	（8 人） 3.0%	（39 人） 14.8%	（133 人） 50.6%	（83 人） 31.6%
焦虑情绪	（35 人） 13.3%	（89 人） 33.8%	（77 人） 29.3%	（62 人） 23.6%

表 2　不同学生群体给四项情感变量的均值与标准差

	自信心 M/SD	意志力 M/SD	学习兴趣 M/SD	焦虑情绪 M/SD
内向型 102 人	3.0714/.78293	2.8929/.73059	3.1429/.64466	2.6786/.93628
外向型 74 人	3.3514/.67562	2.6757/.70923	3.2162/.82108	2.5676/1.14359
场独立型 155 人	3.2312/.75001	2.9133/.75367	3.0809/.75816	2.5318/.75816
场依赖型 90 人	3.1222/.77645	2.7444/.74292	3.1556/.76307	2.8222/1.00087
高水平班 64 人	3.4063/.61484	3.3125/.73780	3.3438/.74528	2.1875/.85901
低水平班 96 人	3.1458/.79866	2.7917/.77070	3.0208/.75764	3.0625/.95441

表 3　性格内向组与性格外向组对情感因素差异的 Mann – Whitney U 显著性检验

	自信心	意志力	学习兴趣	焦虑情绪
Z	–2. 136	–1. 296	–. 904	–. 396
Asymp. Sig. （2 – tailed）	0. 033 （ * ）	0. 195	0. 366	0. 692

* $p < 0.05$

表 4　场独立型与场依赖型对情感因素差异的 Mann – Whitney U 显著性检验

	自信心	意志力	学习兴趣	焦虑情绪
Z	–1. 112	–1. 869	–. 772	–2. 304
Asymp. Sig. （2 – tailed）	0. 266	0. 062	0. 440	0. 021 （ * ）

* $p < 0.05$

表 5　高水平班与低水平班对情感因素差异的 Mann – Whitney U 显著性检验

	自信心	意志力	学习兴趣	焦虑情绪
Z	–2. 144	–2. 865	–2. 017	–3. 887
Asymp. Sig. （2 – tailed）	0. 032 （ * ）	0. 004 （ * * ）	0. 044 （ * ）	0. 000 （ * * ）

* $p < 0.05$　* * $p < 0.01$

表 6　四项情感因素变量的 Pearson 相关性分析

		自信心	意志力	学习兴趣	焦虑情绪
自信心	Pearson Correlation	1	0. 376 （ * * ）	0. 388 （ * * ）	–. 296 （ * * ）
	Sig. （2 – tailed）		0. 000	0. 000	0. 000
	N	263	263	263	263
意志力	Pearson Correlation	0. 376 （ * * ）	1	0. 341 （ * * ）	–. 247 （ * * ）
	Sig. （2 – tailed）	0. 000		0. 000	0. 000
	N	263	263	263	263

续表

		自信心	意志力	学习兴趣	焦虑情绪
学习兴趣	Pearson Correlation	0. 388 (* *)	0. 341 (* *)	1	-. 161 (* *)
	Sig. (2 - tailed)	0. 000	0. 000		0. 009
	N	263	263	263	263
焦虑情绪	Pearson Correlation	-. 296 (* *)	-. 247 (* *)	-. 161 (* *)	1
	Sig. (2 - tailed)	0. 000	0. 000	0. 009	
	N	263	263	263	263

* * Correlation is significant at the 0. 01 level (2 - tailed).

* Correlation is significant at the 0. 05 level (2 - tailed).

分析与讨论:

综合上述统计数据可以看出:

(1) 大部分学生对英语学习的态度是积极的，超过 80% 的学生对学好英语有较强自信心和较高的学习兴趣，接近 70% 的学生认为自己在英语学习中有较强的意志力，但同时超过 50% 的学生英语学习中的焦虑感也达到较强以上程度（见表 1）。

(2) 内向型组在学习英语的意志力和焦虑程度上的平均分要高于外向型组，外向型组在自信心和学习兴趣方面的平均分高于内向型组，其中在自信心上两组有统计学意义上的显著差异（见表 2、表 3）。

(3) 在学习兴趣方面，场依赖型组平均分高于场独立型组，而场独立型组比场依赖型组在自信心和意志力两项的平均值高，而且焦虑情绪上在统计学意义上的显著性低于场依赖型组（见表 2、表 4）。

（4）学习成绩与英语学习中情感因素的关联性最为明显，英语成绩高水平班在自信心、意志力、学习兴趣三项的均分明显高于低水平班，而焦虑感明显低于后者，两组学习群体在四个变量上都有统计学意义上的显著性差异（见表2、表5）。

（5）自信心、意志力和学习兴趣这三种积极的情感因素之间存在着明显的正相关，而与焦虑感呈显著负相关（见表6）。说明积极的情感因素可以相互强化，相互促进，并可以减轻焦虑情感。

解读：

上述数据统计结果与少数民族学生的特点以及他们在英语学习方面表现出的某些特殊性是吻合的。

首先，少数民族预科生学生之间英语水平的差异远远大于普通高校的学生，一部分学生入校时的英语水平起点较低。对这部分学生而言，要想经过一年时间的培训就达到与其他院校大一新生一样的入学英语水平，任务非常艰巨，他们承受的心理压力大，自我效能感低。有些学生在课堂上表现出的焦虑感和紧张感（如怕出错、怕丢面子、太在乎老师和同学的看法等）明显高于其他学生。

与此相反，还有一部分少数民族学生进校时的英语水平相当好，有的学生高考成绩相当高，这部分学生在英语学习中表现出的自我效能感、学习兴趣和热情都比较高，焦虑情绪相对较低。他们为自己设定的学习目标也比较高，有的同学在积极准备参加各种高水平英语考试，如大学英语四级考试、全国大学生英语竞赛、英语水平等级考试等。统计结果显示，英语水平的高低直接影响着学生英语学习中的各种情感因素的高低。

其次，少数民族预科班多元的文化背景带来了多元的认知风格、个性特征、行为方式、学习风格和情感态度。由于学生之间文化背景的差异，学生表现出来的学习动机、学习兴趣、学习意志力、自信心和焦虑情绪等非智力因素存在着较大的差异。国内外的多项研究表明，文化背景对学习者的性格特征、认知方式、学习风格等有着不可低估的影响力，这一点在少数民族预科班表现得非常明显：有些民族的学生普遍偏外向性格，他们开朗自信，喜欢交流，对合作式学习和语言实践活动情有独钟，英语课堂上非常积极活跃，但有时会缺乏耐力和恒心，遇到学习困难容易产生急躁和焦虑情绪；而有些民族的学生性格偏内向，他们沉静，学习上有毅力、有恒心，喜欢独立自主的学习方式，但不善交流，上课时很少主动回答问题，常常有意识回避英语课堂组织的语言实践活动。统计结果也证明不同的性格特征和学习风格对英语学习中的情感因素也产生不同程度的影响。

四、英语教学中积极情感因素的培养途径

任课教师应探究如何针对不同学习风格、不同性格特征和不同英语水平的学生群体设计英语教学，以提高学生的自我效能感、培养他们的学习兴趣和学习意志力等积极向上的情感，降低焦虑感等负面情感，有效提高学习效率和学业成绩，这是英语教育中一个非常值得研究的问题。在教学组织及实施过程中要注重采取以下方法，以取得较好的效果。

（一）设置合理的目标，增加学生体验成功的经历

班杜拉认为，个人成功的体验在自我效能感形成和发展中发挥着最有力的作用。不断获得成功的体验会使学生认识到自己的能力，

有助于提高自我效能感和学习兴趣；而失败的体验则会使学生怀疑自己的能力，不断降低自我效能感。教师应根据维果茨基的最近发展区理论（Zone of Proximal Development），按照学生个体的差异给学生提供明确的、具体的、力所能及的近期目标，并采取灵活多样的评价方法激励学生，使每一位学生通过努力都能够获得成功的体验。

（二）设置榜样、提供替代性效能信息

个体的自我效能感是在自我与环境的互动中形成和发展起来的，他人的成功或失败经历都会给个体带来替代性效能信息，并且影响个体的自我评价。因此，可以通过树立榜样的方式激发学生的学习动力、培养学生的自信心。榜样的设置也要符合最近发展区的要求，既不是高不可攀、可望不可及的，也不是轻而易举、起不到榜样作用的。

由于是在学校环境中，所以教师首先要起示范作用。正所谓“教者，效也，上行之，下效之”。教师是教育中最直接、并具有权威效应的人物，教师应当展现出的高度的责任感、渊博的知识、严谨的治学和高超的教学技能，使学生能够通过老师的行为提高对自我判断能力和对自我的要求。当然，学习个体与榜样的相似性越大，榜样的力量也越大，越有说服力。因此，同伴榜样比教师榜样有更好的效果。教师应密切关注、并及时总结学生学业中的成功经验和突出的事例，并及时在学生中进行宣传，为学生提供借鉴和效仿的同伴榜样。

（三）引导学生对学习结果正确归因

归因是人们对产生结果的原因的解释。根据归因理论，归因方式不仅会直接影响自我效能的判断，而且间接影响学习成绩。将成功归因于内部因素（能力），将失败归因于外部因素（努力不够、运气、任务难度等），能够提高自我效能感；而将成功归因于外部因素（机遇），将失败归因于内部因素（能力不足），则会降低自我效能的判断。

学生如果认为自己没有能力获得学业成功，无力避免失败，也就不会去追求成功，同时他们会产生失落感、无助感、焦虑情绪和自卑情绪。归因倾向是后天形成的，因此，教师应注意引导学生正确归因，帮助他们制订可行的学习计划，并努力完成计划，使他们成为有能力控制自己学习的人，让他们懂得只要意志坚定，付出努力，就有成功的希望。

（四）建立有效的激励机制，及时反馈学习结果

适度的表扬和鼓励比批评和指责更能有效地激励学生。因为前者能使学生产生成就感，后者会挫伤学生的自尊心和自信心。教师尤其要注意保护学生的人格尊严，对学习成绩不好的学生点名、挖苦、责难都会伤害学生的自尊，扼杀学生的学习兴趣，影响学生的自我评价，降低自我效能判断。

教师应关注学生的每一点进步，并及时给予反馈和表扬，这样可以促进学生进一步努力向新的目标前进。这种外部的强化对学生自我效能的建立非常有利。教师在激励学生时不应侧重学生的智力因素，而应侧重他们所付出的辛苦和努力。

（五）营造良好的学习气氛，激发学习兴趣

课堂气氛可以直接影响学习者的情绪和心理状态：高压的、专制的、拘谨的和沉闷的课堂氛围会使学生处于紧张、不安和焦虑状态；教师应通过形式多样的教学活动努力营造积极的、轻松的、和

谐的学习环境，使学生保持愉悦的心理状态，这样可以有效减少他们的焦虑、紧张等负面情绪，提高他们的学习兴趣和学习热情。

（六）建立多元化的弹性评价体系，尊重个体差异

在英语教学中实施过程性评估和终结性评价相结合的评估方式，加大过程性评价的比重。过程性评价应注重不同个性、不同学习风格、不同语言能力的学生对知识的自我建构，教师布置的任务尽可能为不同类型的学习个体提供发挥潜能和特长的机会，评价方法应体现灵活性、多元化、弹性化，这种关注学生个体差异和能力的评价方式更符合“以人为本”的教育理念，有益于帮助学生认识自我、树立自信，进而促进每个学生在已有水平和语言运用能力上得到最大程度的发展和提高。

参考文献

[1] Bandura A. Self – Efficacy: Toward a Unifying Theory of Behavioral Change [J]. Psychological Review, 1977.

[2] Biggs J. B. & Telfer. The Process of Learning [M]. Australia: Practice – Hall, 1987.

[3] Bransford John D. Human Cognition: Learning, Understanding, and Remembering [M]. Belmont, CA: Wadsworth, 1979.

[4] Gardner, R. C. Social Psychology and Second Language Learning [M]. London: Edward Arnold Ltd, 1985.

[5] Holec H. Autonomy and Foreign Language Learning [M].

Oxford: Pergamon, 1981.

[6] Horwitz E. K. Surveying Student Beliefs about Language Learning. http://www.researchgate.net/publication/308063717.

[7] Joy Reid. Learning Styles in the ESL/EFL Classroom [M]. 北京：外语教学与研究出版社，2003.

[8] Kate Kinsella. Perceptual Learning Styles Preference Survey [A]. Learning Styles in the ESL/EFL Classroom [C]. 1995: 221-225.

[9] Keefe J. W. Learning Styles: An Overview [A]. Students Learning Styles: Diagnosing and Prescribing Programs [C], 1979: 1-17.

[10] Kranshen S. The Input Hypothesis: Issues and Implications [M]. London: Longman Group Limited, 1985.

[11] Lado. R. Linguistics across Culture: Applies Linguistics for Language Teachers [M]. Ann Arbor: University of Michigan Press, 1957.

[12] Lightbown P. M. & N. Spida. How Languages Are Learned [M]. Oxford: Oxford University Press, 1999.

[13] Littlewood W. Defining and Developing Autonomy in East Asian Contexts [J]. Applied Linguistics, 1999 (1): 71-94.

[14] Skehan P. Individual Difference in School language Learning [M]. London: Edward Arnold, 1989.

[15] J. Michael O'Malley, Anna Uhl Chamot. Learning Strategies in Second Language Acquisition [M]. Cambridge: Cambridge Universi-

ty Press, 1990.

[16] Wenden A. & J. Rubin. Learner Strategies in Language Learning [C]. New Jersey: Prentice Hall, 1987: 103 - 117.

[17] Witkin H. A, Moore C. A, Goodenough D, R & Cox P. W. Field - dependent and Field Independent Cognitive Styles and Their Educational Implications [J]. Review of Educational Research, 1977 (1): 1 - 64.

[18] 陈琦. 当代教育心理学 [M]. 北京：北京师范大学出版社，2006.

[19] 池丽萍，辛自强. 大学生学习动机的测量及其与自我效能感的关系 [J]. 心理发展与教育，2006 (2): 64 - 66.

[20] 郭本禹. 自我效能理论及其应用 [M]. 上海：上海外语教育出版社，2008.

[21] 竺培梁. 心理测试——理论与应用 [M]. 合肥：中国科学技术大学出版社，2008.

[22] 陈琦. 当代教育心理学 [M]. 北京：北京师范大学出版社，2006.

[23] 李洪玉. 学习能力发展心理学 [M]. 合肥：安徽教育出版社，2006.

[24] 华立群，熊丽君. 外语教学中的认知风格与学习风格研究 [J]. 宿州教育学院学报，2009 (4): 127 - 130.

[25] 胡志军. 论外语学习的观念体系及其构建 [J]. 外语界，2007 (2): 32 - 38.

[26] 胡忠光. 教育心理学 [M]. 北京：教育科学出版

社，2011.

[27] 金兰. 场独立性和场依存性 [J]. 湘潮（理论版），2009 (1)：57 – 59.

[28] 莱因贝格. 动机心理学 [M]. 王晚蕾，译. 上海：上海社会科学院出版社，2012.

[29] 赖丁·雷纳. 认识风格与学习策略——理解学习和行为中的风格差异 [M]. 庞维国，译. 上海：华东师范大学出版社，2002.

[30] 李洪玉. 学习能力发展心理学 [M]. 合肥：安徽教育出版社，2006.

[31] 马斯洛. 动机与人格 [M]. 许金声，译. 北京：中国人民大学出版社，2013.

[32] 玛蒂·莱利. 内向者优势 [M]. 上海：华东师范大学出版社，2003.

[33] 彭金定. 大学英语教学中的学习者自主问题研究 [J]. 外语界，2002 (3)：15 – 19.

[34] 皮特里. 动机心理学 [M]. 郭本禹，译. 西安：陕西师范大学出版社，2005.

[35] 秦晓晴，文秋芳. 非英语专业大学生学习动机的内在结构 [J]. 外语教学与研究，2002 (1)：51 – 56.

[36] 沈德立. 非智力因素的理论与实践 [M]. 北京：教育科学出版社，1997.

[37] 文秋芳. 英语学习者动机、观念、策略的变化规律与特点 [J]. 外语教学与研究，2001 (1)：105 – 110.

[38] 文秋芳. 英语学习策略论 [M]. 上海：上海外语教育出版社，1996.

[39] 文秋芳. 英语成功者与不成功者在方法上的差异 [J]. 外语教学与研究，1995 (3)：62－66.

[40] 文秋芳，王海啸. 大学生英语学习观念与策略的分析 [J]. 解放军外语学院学报，1996 (4)：61－66.

[41] 文秋芳，王海啸. 学习者因素与大学英语四级考试成绩的关系 [J]. 外语教学与研究，1996 (4)：33－39.

[42] 文秋芳. 管理策略在英语学习中的作用 [J]. 中国大学教学，1996 (4)：42－45.

[43] 晓旻，张文忠. 国内外语学习动机研究现状分析 [J]. 外语界，2005 (4)：58－65.

[44] 徐英. 论非智力因素及其在教育中的作用 [J]. 心理科学，2000 (2)：242－243.

[45] 吴霞. 维吾尔族学生英语学习观念和动机的调查 [J]. 新疆大学学报 (社会科学版)，2003 (9)：126－130.

[46] 燕国材. 非智力因素与学习 [M]. 上海：上海教育出版社，2006.

[47] 姚梅林，杜春. 学习信念的心理学研究 [J]. 信阳师范学院学报，2004 (8)：11－14.

[48] 阴国恩. 非智力因素及其培养 [M]. 杭州：浙江人民出版社，1996.

[49] 郑雪. 人格心理学 [M]. 广州：暨南大学出版社，2001.

第五章

少数民族学生自主学习意识及自主学习行为实证调查

第一节 相关理论及研究概述

Henri Holec 的著作《自主性与外语学习》（Autonomy and Foreign Language Learning）于 1981 年出版，这是最早将自主学习概念引入语言学习研究的著作。自此学习者自主问题开始引起教育工作者的关注。

Henri Holec（1981）认为，学习者自主就是学习者在学习过程中能够对自己的学习负责、就学习方面的问题进行决策。这种决策体现在以下五个方面：

（1）确定学习目标；

（2）决定学习内容和进度；

（3）选择学习方法和技巧；

（4）监控学习的过程，如节奏、时间、地点等；

（5）评估学习效果。

Little Wood（1999）将学习者自主定义为学习者不依靠老师使用所学知识的能力。

彭金定（2002）推出了五步双向反思动态互补自主学习过程：

（1）有学习责任心；

（2）明确学习目的；

（3）制订学习计划；

（4）评估学习进步；

（5）调整学习策略。

Skehan（1989）认为自主学习能力的强弱不仅对学习成绩产生直接影响，而且决定着个体终生学习能力的强弱。自主学习能力受到多种变量的影响，如：年龄、认知水平、学习动机、学习环境、文化背景等。

北京邮电大学民族教育学院借助语音室自主学习平台，分别在少数民族本科预科班以及少数民族高层次骨干人才硕士研究生班设立了教学试点班级，进行多媒体自主学习教学试验。经过几个学期的探索和实践，我们进行了下列问卷调查，目的是了解少数民族学生英语学习过程中的自主学习意识，自主学习行为，以及对之产生影响的相关变量，以期对相关院校或教育机构的自主学习资源建设以及自主学习教学活动提供借鉴，有效提高少数民族学生学习的意识和效率。

第二节 研究设计

一、研究目的

（1）了解少数民族学习者自主学习意识；

（2）了解少数民族学习者自主学习行为；

（3）调查学习者的个体差异，如：性别、学习经历、专业背景、家庭背景、学习成绩、学习动机等因素，是否与学习者自主学习意识和自主学习行为存在某些相关性。

二、研究对象

本次问卷调查对象为北京邮电大学少数民族本科预科班和少数民族高层次骨干人才硕士“研究生班”。

我们将调查对象分为四个对照组：“预科新疆班一年级”“预科新疆班二年级”，以及来自全国各民族地区三十多个少数民族的“预科全国班”和“少数民族骨干人才硕士研究生班”。其中“预科新疆班”需要经历两年的预科学习，成绩合格后才能进入目标大学上本科；而来自全国各民族地区的“预科全国班”和“研究生班”学生需要经历一年的学习和培训，成绩合格后才能进入目标大学开始本科和硕士阶段的学习。

三、研究工具

问卷设计分个人信息和自主学习调查两大部分，其中自主学习调查问卷有以下五个组成部分，每个部分包含三个陈述项目，共含15个项目，答案均由5级利克特量表组成，取各项目的平均分为各因子的指标。

（1）自主学习意识调查；

（2）自主学习行为调查；

（3）学习动机调查。

经过信度分析，三个部分的内部一致性 Alpha 系数分别为0.8412、0.782、0.7610，均达到要求。

四、数据的收集及分析

本次调查共发放试卷836份，收回有效答卷822份，有效回收率为98.3%。数据录入后使用SPSS14.0进行分析。

第三节 调查结果与分析

一、自主学习意识和自主学习行为水平及其年级差异调查

首先对四个对照组的自主学习意识和自主学习行为水平进行均值统计（见表1、表2），然后使用 Kruskal - Wallis Test 进行多个独立样本的非参数检验（见表3），目的是验证自主学习意识和行为在

对照组上是否存在统计学意义上的差异。

表1 自主学习意识均值（$N=822$）

	预科新疆班一年级	预科新疆班二年级	预科全国班	研究生培训班	全体
Mean	4.3302	4.6772	3.9273	4.2204	4.1825
Std.	0.89146	0.60266	0.96163	0.82008	0.90109
N	106	127	344	254	822

表2 自主学习行为均值（$N=822$）

	预科新疆班一年级	预科新疆班二年级	预科全国班	研究生培训班	全体
Mean	3.7170	4.5197	3.5407	3.9143	3.8260
Std.	1.06686	0.75436	1.00644	0.88057	0.99947
N	106	127	344	254	822

表3 Test Statistics（a，b）

	自主学习意识	自主学习行为
Chi – Square	79.678	101.930
df	3	3
Asymp. Sig.	0.000	0.000

a Kruskal Wallis Test；b Grouping Variable：年级

数据分析：

（1）少数民族学生的自主学习意识和自主学习行为处在中上水平，全体受试者的均值分别达到4.1825和3.8260；其中自主学习意识水平高于自主学习行为水平。Kruskal – Wallis Test多独立样本的非参数检验表明，Asymp. Sig小于0.05，说明组群差异极其显著，具有统计学意义。

（2）来自相同地区，并有着相同学习经历的新疆二年级学生的自主学习意识和行为显著高于新疆一年级学生。

（3）来自全国各少数民族地区的研究生培训班学生显著高于本科预科全国班学生。

（4）来自新疆地区少数民族学生的自主学习意识和行为高于来自全国其他地域少数民族学生。

讨论与反思：

（1）通过对相似背景的少数民族学子对照组（新疆二年级班与新疆一年级班做对比组，全国预科班和研究生班做对比组）进行分析，可以看到接受大学教育时间越长的少数民族学生，英语自主学习意识和自主学习行为就会越强；我们分析主要原因是，近几年，我国大力发展少数民族教育，培养少数民族学生的自主学习能力，并以此作为课程改革的重要目标之一，相关教育机构积极改善办学条件，为学生进行个性化和自主性学习提供更多的图书、报刊、多媒体技术及手段，鼓励学生追求与自己情况相适应的较高目标，培养他们学习方面的“自立”“自控”和“自律”能力，取得了一定的实施效果。

（2）来自新疆地区的预科班中有很大一部分学生在接受预科教育之前没有接触过多媒体教学模式下的自主学习方式，他们对新的教学理念和学习方式充满好奇和兴趣，与其他生源地的学习群体相比较，学习中表现出更强烈的求知欲和好奇心，更乐意接受多媒体技术带来的自主学习方式，并积极体验和尝试自主学习过程。

（3）来自全国各少数民族地区的研究生班学生已经经历了大学

本科学习阶段，他们基本摆脱了中学阶段沿袭的应试教育和填鸭式教学，本科学习阶段或多或少体验或实践过自主学习，因此比刚步入大学校门的预科全国班学生具备更高的自主学习意识和更多的自主学习行为。

二、自主学习意识和自主学习行为与家庭背景的相关性调查

首先对来自不同生源地的四个对照组的自主学习意识和自主学习行为水平进行均值统计（见表4、表5），然后使用 Kruskal – Wallis Test 进行多个独立样本的非参数检验（见表6），目的是验证自主学习意识和行为在对照组间是否存在统计学意义上的差异。

表4　自主学习意识均值（$N=822$）

	城市家庭	旗县家庭	农村家庭	牧区家庭
Mean	4. 1541	4. 0845	4. 2593	4. 6190
Std.	0. 92195	0. 89674	0. 88744	0. 58959
N	318	213	270	21

表5　自主学习行为均值（$N=822$）

	城市家庭	旗县家庭	农村家庭	牧区家庭
Mean	3. 7358	3. 7512	3. 9519	4. 3333
Std.	1. 01380	0. 94622	1. 00994	0. 91287
N	318	213	270	21

表 6　Test Statistics（a，b）

	自主学习意识	自主学习行为
Chi – Square	11.906	15.787
df	3	3
Asymp.　Sig.	0.008	0.001

a　Kruskal Wallis Test；b　Grouping Variable：家庭背景

数据分析：

来自牧区和农村的少数民族学生自主学习意识、自主学习行为水平显著高于来自城市和旗县的少数民族学生。Kruskal – Wallis Test 多独立样本的非参数检验表明，Asymp.　Sig 小于 0.05，说明组群差异极其显著，具有统计学意义。

讨论与反思：

家庭背景和成长经历对学习者的自主学习意识和行为会产生潜移默化和持久的影响，原因如下：

（1）来自办学条件相对较差，生活条件艰苦的农村和牧区的生源，他们当中有不少人来自贫困家庭，不拥有个人电脑和其他电子学习工具，他们会尽可能利用学校提供的各种多媒体学习资源自主管理和规划自己的学习行为，以期提高学习效率。

（2）与城市生源相比，农村生源和牧区学生会更加珍惜来之不易的大学教育机会，他们渴望通过教育改变命运，具有强烈的学习动机和明确的目标意识，学习自觉性要明显高于来自生活和学习条件相对优越地区的学生。

三、自主学习意识和自主学习行为与成绩相关性调查

新生入学时，我们会组织英语分班考试，按照成绩高低将学生

编入不同班级，实施因材施教，分级教学。此次我们抽取高分班和低分班作为受试群体进行对比，调查学习成绩与自主学习意识和自主学习行为间是否存在相关性。

首先对两个对照组的自主学习意识和自主学习行为水平进行均值统计（见表7、表8），然后使用 Mann – Whitney Test 对成绩差异进行两个独立样本的非参数检验（见表9），目的是验证自主学习意识和行为在对照组间是否存在统计学意义上的差异。

表7　自主学习意识均值（$N=212$）

	低分组	高分组
Mean	3. 8407	4. 2424
Std.	1. 10653	0. 83411
N	113	99

表8　自主学习行为均值（$N=212$）

	低分组	高分组
Mean	3. 5664	4. 1111
Std.	1. 01661	0. 90225
N	113	99

表9　Test Statistics（a）

	自主学习意识	自主学习行为
Mann – Whitney U	4508. 500	4328. 000
Wilcoxon W	10949. 500	10769. 000
Z	–2. 577	–2. 980
Asymp. Sig.（2 – tailed）	0. 010	0. 003

a　Grouping Variable：成绩

数据分析：

来自高分组的少数民族学生自主学习意识和自主学习行为水平，显著高于来自低分组的少数民族学生。Mann - Whitney Test 两个独立样本的非参数检验表明，Asymp. Sig 小于 0.05，说明不同成绩组群差异显著，具有统计学意义。

讨论与反思：

（1）学习者如果能够自觉管理自己的学习，在学习目标、过程及效果等诸方面进行自我设计、自我调节、自我检测、自我评价和自我转化，则可以实现自我提高，最终成为成功的学习者。

（2）学习者的自主学习能力具有双向调节和促进作用，与学业成绩互为因果，相辅相成，相互强化。

四、自主学习意识和自主学习行为与学习动机的相关分析

根据学习的动力来源，动机可以分为内部学习动机（intrinsic motivation）和外部学习动机（extrinsic motivation）。内部动机指由个体内在的需要，如求知欲、学习兴趣、改善和提高自己能力的愿望等内部因素引起的动机。外部动机是指个体由外部诱因所引起的动机。例如，一些学生为了得到教师或父母的奖励或避免受到教师或父母的惩罚而努力学习，或为了通过考试而学习。

我们对受试群体做了学习动机调查，并对自主学习意识和自主学习行为与内在学习动机和外在学习动机进行皮尔逊相关系数分析（见表10），目的是验证学习动机与自主学习之间是否存在某种相关性。

表 10 Pearson Correlations

	英语学习内在动机	英语学习外在动机
自三学习意识	0.277（**）	-.216（**）
Sig.（2 - tailed）	0.000	0.000
自主学习行为	0.264（**）	-.235（**）
Sig.（2 - tailed）	0.000	0.000

Sig.（2 - tailed） $**p<0.01$ $*p<0.05$

数据分析：自主学习意识与自主学习行为与内在学习动机呈显著正相关；与外在学习动机呈显著负相关。

讨论与反思：

（1）持有内部动机的学生渴望获得有关的知识经验，具有学习自主性和自发性；当学习者具有较强的内在动机时，这种内在的学习欲望和兴趣会促使他们自主选择学习内容、学习方式、学习方法，并能对自己的学习行为进行自我激励、自我控制、自我调节和自我管理，表现为学习上的"自立""自为""自律"意识和行为。

（2）持有外部动机的学生，学习上具有诱发性和被动性，他们对学习内容本身的兴趣较低，从事学习活动的动机不在学习任务本身，而是在学习活动之外，因此学习具有很强的被动性，自主性差，依赖性强。

对不同性别、专业背景的组群在自主学习意识和行为进行分析，发现对照组间不存在显著差异。

第四节　结语

此次调查带给我们以下几点启示：

1. 自主学习意识和行为受诸多因素的影响，如与学习者的学习经历、家庭背景、学习成绩和学习动机存在显著的相关性，这就要求我们关注学习者的个体差异，针对不同的群体，施以与之相适应的方法，引导少数民族学子形成自觉学习的意识，创设多样化的自主学习环境和渠道。

2. 学习动机对自主学习意识和行为产生不可小觑的影响，是激发、维持和推动自主学习的关键变量和先决条件。因此，针对来自少数民族地区学业基础薄弱的少数民族学生，教师必须付出极大的爱心和耐心，培养学生内在学习动机，激发他们的学习欲望和兴趣。

3. 自主学习是学生作为学习的主体，通过独立分析、探索、实践、质疑、创造等方法来实现学习目标。自主学习要求施教者以学校为主阵地，辅之以科学合理的教育方法，使学生通过自主学习，学会求知、学会做事、学会合作，具备与现代社会需要相适应的能力以及自身发展所需要的基本素质。

4. 从事少数民族教育的教师应当积极引进和探索科学的教育理念，将行之有效的教学手段和方法与现代信息技术有机结合，创设优良的教学氛围和环境，认真研究探索计算机多媒体环境下的自主学习模式，把培养少数民族学生的自主学习能力设定为重要的教学目标，为学生的“终身学习”奠定坚实的基础。

参考文献

[1] Cotterall S. D. Crabbe. Learner Autonomy in Language Learning: Defining the Field and Effecting Change [M]. Frankfurt: Peter Lang, 1999.

[2] Dickinson L. Learner Autonomy 2: Learner Training for Language Learning [M]. Dublin: Authentic, 1992.

[3] Holec H. Autonomy and Foreign Language Learning [M]. Oxford: Pergamon, 1981.

[4] Skehan P. Individual Difference in School language Learning [M]. London: Edward Arnold, 1989.

[5] Littlewood W. Defining and developing autonomy in East Asian contexts [J]. Applied Linguistics, 1999, (1): 71 - 94.

[6] 陈美华. 计算机网络环境下大学生英语自主学习要素研究 [J]. 外语与外语教学, 2007 (3): 33 - 36.

[7] 陈琦, 刘儒德. 教育心理学 [M]. 北京: 高等教育出版社, 2005.

[8] 戴炜栋, 郭继荣. 大学生英语自主学习评价实证研究 [J]. 外语界, 2011 (6): 79 - 87.

[9] 杜中全, 云天英, 王晓来. 论网络环境下的大学英语自主学习 [J]. 中国电化教育, 2012 (305): 112 - 114.

[10] 傅玲芳, 杨坚定. 基于网络多媒体大学英语教学模式的自

主学习能力研究［J］. 外语与外语教学，2007（10）：18－23.

［11］李昆，俞理明. 大学生英语学习动机、自我效能感和归因与自主学习行为的关系研究［J］. 外语教学理论与实践，2008（2）：1－5.

［12］林莉兰. 大学新生英语自主学习能力结构分析与研究［J］. 外语界，2008（5）：91－96.

［13］倪清泉. 大学英语学习动机、学习策略与自主学习能力的相关性实证研究［J］. 外语界，2010（138）：30－33.

［14］庞维国. 自主学习：学与教的原理和策略［M］. 上海：华东师范大学出版社，2003.

［15］庞维国. 论学生的自主学习［J］. 华东师范大学学报，2001（2）：78－83.

［16］彭金定. 大学英语教学中的学习者自主问题研究［J］. 外语界，2002（3）：15－19

［17］尚建国，寇金南. 学习者因素对大学生英语自主学习能力的交互影响［J］. 外语与外语教学，2015（4），64－67.

［18］徐锦芬，彭仁忠，吴卫平. 非英语专业大学生自主性英语学习能力调查与分析［J］. 外语教学与研究，2004（1）：64－68.

第六章

预科英语教学中的跨文化交际能力及文化适应策略研究

第一节　学习者跨文化交际能力的理论

当今社会、经济呈高速发展态势，全球化进程加快，各国之间的文化、贸易往来日渐频繁，但由于地理环境和历史发展等因素的差异，民族文化千差万别，这也给跨文化交流带来了一些困难（许力生，2000），同时“跨文化交际能力”（intercultural communicative competence）的概念也应运而生。随着我国与国际接轨的步伐不断加快，外语教学成为跨文化教育最有效和最重要的阵地之一（张红玲，2012），跨文化教育被视为外语教学主要目的之一，而外语教育本质上就是“跨文化的人文教育”（孙有中、Bennett，2017）。对于文化内容的传授以及跨文化能力的培养在外语教学中的重要性，国内外学者已达成共识。

一、跨文化交际能力的概念及内涵

跨文化交际能力本身是一个十分复杂的问题，首先需要厘清跨文化交际能力（intercultural communication competence）与跨文化能力（intercultural competence）是否有区别。有的学者把跨文化交际能力等同于跨文化能力，认为它们是同一个概念。

杨盈和庄恩平（2007）认为，“将跨文化交际能力与跨文化能力对等有利于将我们的观念从语言交际的狭隘视野中解放出来，从而在跨文化交际能力培养过程中注重语言交际能力的同时，看到跨文化意识、思维能力、非语言交际及交际策略等方面的重要性”。

文秋芳（2004）认为，跨文化交际能力包括交际能力和跨文化能力两个部分；在她的跨文化交际能力图表中，交际能力与跨文化能力并列在跨文化交际能力之下，共同组成跨文化交际能力。交际能力包括语言能力、语用能力和变通能力；跨文化能力包括对于文化差异的敏感、对于文化差异的容忍以及处理文化差异的灵活性。

这两种处理方法在理论上都有其合理性。鉴于大部分相关学术文献对这两种能力都不予区分，本书拟将两种提法视为同一种能力。

交际能力概念最早由 Hymes（1972）提出，他认为交际能力主要包括两方面内容：一是语法性，即合乎语法；二是可接受性，即在文化上的可行性，在情境中的得体性和现实性。Hymes 交际能力观的核心就是语言的适当性（appropriateness），语言的运用要适合特定的社会文化环境。

Canale 和 Swain（1980）认为交际能力包括语言能力和语用能力两种。

从知识角度看，语言能力包括语音、语法和词汇三方面的知识；从技能角度看，语言能力包括听、说、读、写、译五种能力。

语用能力包括三个主要方面：（1）社会语言能力，即灵活运用功能变体的能力；（2）语篇能力，即掌握不同的语篇类型用语言做事的能力；（3）策略能力，即运用交际策略达到既定交流目的的能力。

关于跨文化交际能力的内涵有诸多讨论。跨文化能力是个体在特定跨文化环境下有效、得体地完成交际活动的能力（Chen & Starosta，1996；Byram，1997）；是与来自不同语言文化背景的人进行恰当、有效交流的能力（Fantini，2009）；是一个综合的、多向度（multi－dimensional）的概念：除知识向度外，还有思维向度、行为向度乃至情感和个性向度（刘学惠，2003）。

跨文化交际与普通交际的差别就在于一个“跨”字，即交际双方来自不同的文化背景。交际双方文化背景不同，就容易造成交际障碍。因而了解不同的文化习俗、生活方式、思维方式、宗教礼仪、非语言交际等就成了跨文化交际能力培养系统中不可缺少的内容（高永晨，2006）。

跨文化交际能力可分为交际能力（包括语言能力和语用能力）和文化创造力两大部分，而语用能力和文化创造力又可合称为社会文化能力，所以，也可说，跨文化交际能力是语言能力和社会文化能力的总称（钟华、樊葳葳，2000）。

孙有中（2016）从跨文化能力的构成要素角度，将跨文化交流能力的核心内涵描述为“尊重世界文化多样性，具有跨文化同理心和批判性文化意识；掌握基本的跨文化研究理论知识和分析方法；

熟悉所学语言对象国的历史与现状，理解中外文化的基本特点和异同；能对不同文化现象、文本和制品进行阐释和评价；能得体和有效地进行跨文化沟通；能帮助不同语言文化背景的人士进行有效的跨文化沟通”。

事实上，跨文化能力是一个复杂的跨学科概念，涉及语言学、心理学、传播学、文化人类学等多个学科。对于不同地区、不同行业、不同群体而言，跨文化能力的内涵也各不相同（张红玲、虞怡达、沈兴涛，2018）。

二、跨文化交际能力的要素及模式

对于跨文化交际能力组成要素及模式的论述可谓仁者见仁，智者见智。

英国学者 Byram（1997）的跨文化交际能力模型最具影响力。他认为，跨文化交际能力包括语言能力、社会语言能力、语篇能力和跨文化能力四个子能力。Spitzberg & Cupach（1984），Chen & Starosta（1996）认为文化知识、情感态度及行为技能通常是跨文化能力的三个基本构成要素。

Chen（1989）认为跨文化交际能力包含四个层面：个性力量（personality strength）、交际技巧（communication skills）、心理调适能力（psychological adaptation）、文化知觉力（cultural awareness）。在此基础上，Chen 构建了包含四大层面、十六大要素的跨文化交际能力模式图，并对每个要素进行了较为细致的解释。Samovar & Porter（2004）将跨文化交际能力归纳为动机（motivation）、知识（knowledge）和技能（skill）三个方面。Gudykunst 将跨文化能力

(intercultural competence) 的基本要素阐述为八个方面：显示尊重 (display of respect)、求知倾向 (orientation to knowledge)、移情能力 (empathy)、交际驾驭能力 (interaction management)、事件行为能力 (task role behavior)、关系行为能力 (relational role behavior)、模糊性容忍 (tolerance for ambiguity)、交际性态度 (interaction posture) (杜瑞清，2004)。

国内语言学界最具影响力的跨文化交际能力模型是文秋芳 (1999) 提出的。她认为跨文化交际能力包括交际能力和跨文化能力两个部分，其中交际能力包括语言能力、语用能力和策略能力三个子能力，跨文化能力包括对文化差异的敏感性、对文化差异的宽容性和处理文化差异的灵活性三个层次。

此外赵爱国等为外语教学构建了跨文化交际能力模式，包括语言能力、语用能力和行为能力。其中语言能力包含语音、词汇、语法、语义四方面的能力；语用能力包含语境能力、语篇能力、社会语言学能力和社会文化悟力；行为能力则包括社交能力、非语言交际能力及文化适应能力三个方面。

贾玉新则认为跨文化交际能力应包括基本交际能力系统、情感和关系能力系统、情节能力系统和交际方略系统。许力生 (2000) 等从外语课堂环境及外语听、说、读、写、译等语言技能课程方面探讨如何培养大学生的跨文化能力。高永晨 (2006) 等从动机、态度、文化敏感度等能力维度方面探讨影响大学生跨文化能力培养的因素。杨盈 (2007) 等围绕跨文化能力构成与维度等进行理论与实证研究。吴卫平 (2013) 等从意识、态度、知识、技能等能力维度因子来评价和解释中国大学生跨文化能力。钟华 (2013) 从本国文化知识、外国文化知识、态度、跨文化交流技能、跨文化认知技能、意识等六个主要因子来解释跨文化交际能力。

少数民族学生的跨文化交际能力研究领域，骆惠珍等（2014）探讨了新疆高校少数民族预科学生跨文化敏感度和预科汉语文化教学的现状，并就相关成因进行了分析并提出建议。谷亚华等（2014）通过对中央民族大学少数民族大学生跨文化交际情况调查，发现由于民族身份不同和学习专业不同，不同民族大学生遇到的跨文化交际困境是不同的。陈·巴特尔（2018）在吴卫平、樊葳葳、彭仁忠设计的“中国大学生跨文化能力维度及评价量表”的基础上，建构了新疆少数民族多元文化能力问卷，发现新疆少数民族学生多元文化能力具有多维性与不均衡性，特别是不同生源、不同学科类别的少数民族大学生差异显著。

国内学者对跨文化交际能力讨论多着眼于语言交际，而国外学者的落脚点在于达到沟通的目的。跨文化交际能力应该成为外语教学培养最终目的，而语言综合应用能力的提高是外语教学的一个主要任务，是实现跨文化交际能力的途径和依托，因为跨文化交际能力最终还是要通过有效沟通、完成特定交际目的来体现（庄恩平，2006）。

国内学者对少数民族学生跨文化交际能力的理论和实证研究都相对匮乏，厘清跨文化交际能力的内涵、本质及构成要素对少数民族英语教育者开展相关研究具有重要意义。

第二节　少数民族预科学生跨文化交际能力的实证研究

北京邮电大学自2004年开始承担“少数民族本科预科培训”任务。十几年来，约有两千多名来自新疆的少数民族学生通过两年的预科学习，顺利进入目标大学。与内地学生相比，来自新疆维吾尔自治区的少数民族本科预科学生在语言、风俗、宗教信仰、生活习惯、教育基础等方面存在较大差异，属于特殊的学习群体。这一群体内存在着现代文化与传统文化、同一主流文化内不同民族文化、外域文化与民族文化、东方文化与西方文化的碰撞、融合和价值选择。在这一群体中开展跨文化交际研究对少数民族教育以及语言教学至关重要。

一、研究对象与方法

（一）研究对象

以北京邮电大学民族教育学院少数民族本科预科两年制新疆班学生为调研对象，共发放问卷220份，收回问卷208份，有效问卷192份，有效率达92.3%。其中维吾尔族和哈萨克族学生所占比例较大，男女生比例相当，见表1。

表1　调查对象基本信息（N=192）

	性别		民族			
	男	女	维吾尔族	哈萨克族	柯尔克孜族	其他
人数	98(51%)	94(49%)	102(53.1%)	81(42.2%)	5(2.6%)	4(2.1%)

（二）研究工具

参照钟华等（2013）设计的跨文化交际能力测试卷，根据研究目的和实际情况设计问卷，调查少数民族本科预科两年制新疆班学生的跨文化交际能力。

问卷包括两个部分：

第一部分为个人信息，包括性别、民族；

第二部分为跨文化交际能力评价量表，包括四个主要维度：意识、态度、技能和知识，由40个描述项分别体现，采用莱克特量表分级计分方法，从1到5依次计分，1代表“非常弱/些微”，2代表“较弱/一点”，3代表“一般/一些”，4代表“较强/较多”，5代表“非常强/非常多”。每个问题要求学生按照自己的实际情况进行自评。使用SPSS对量表进行内部信度分析，得到各项Alpha的总体信度值为0.887，表明问卷的信度较好，进一步对问卷各维度所测内容一致性进行分析，得到各项目KMO总体检验值为0.788，表明问卷的内部结构效度良好。因此，可以确保量表的信度和效度。

（三）研究目的

本研究的目的是了解少数民族本科预科新疆班学生跨文化能力的基本概况，探究学生跨文化能力在不同层面的差异以及各层面之间的相互关系，以期给跨文化交际研究者和本科预科语言教学提供借鉴。

二、结果与分析

（一）描述性分析

对少数民族本科预科两年制新疆班学生的跨文化交际能力进行描述分析，如表2所示。

表2　跨文化能力总体比较（描述性数据）

因素	样本	均值	标准差
英语语言能力	192	2.0984	0.70930
汉语语言能力	192	3.5413	0.75572
社会语言能力	192	3.4470	0.88485
语篇能力	192	3.0818	0.74890
交际策略能力	192	3.1910	0.77143
跨文化知识	192	3.1832	0.77998
跨文化态度	192	3.4152	0.76564
跨文化意识	192	3.4062	0.81322
跨文化技能	192	3.0365	0.55929

从表2数据来看，少数民族本科预科新疆班学生汉语语言能力最强，其次是社会语言能力、跨文化态度、跨文化意识、策略能力、跨文化知识水平、语篇能力和跨文化技能，英语语言能力最弱。而且被试的各种能力内部差异较大，尤其是社会语言能力和跨文化意识。表2显示汉语言能力、社会语言能力、跨文化态度、跨文化意识均值较高，分别为3.5413、3.4470、3.4152和3.4062，而英语语言能力均值仅为2.0984，因此可以得出结论：少数民族本科预科新疆班学生的汉语能力、社会语言能力较强，跨文化态度较好，并且拥有较强的跨文化意识。

（二）相关性分析

为了解学生的各项跨文化能力间的相关性，用 SPSS 进行皮尔逊相关分析，结果如表 3 所示。

表 3　跨文化各项能力间的皮尔逊相关系数

因素	英语语言能力 ①	汉语语言能力 ②	社会语言能力 ③	语篇能力 ④	策略能力 ⑤	跨文化知识 ⑥	跨文化态度 ⑦	跨文化意识 ⑧	跨文化技能 ⑨
②	0.330 ** 0.001	1	0.218 * 0.034	0.534 ** 0.000	0.031 0.767	0.051 0.626	0.097 0.352	0.248 * 0.016	-0.042 0.687
③	-0.015 0.884	0.218 * 0.034	1	0.309 ** 0.002	0.386 ** 0.000	0.431 ** 0.000	0.418 ** 0.000	0.226 * 0.028	0.060 0.568
④	0.131 0.207	0.534 ** 0.000	0.309 ** 0.002	1	-0.047 0.653	0.113 0.278	0.251 * 0.015	0.301 ** 0.003	-0.134 0.198
⑤	-0.010 0.927	0.031 0.767	0.386 ** 0.000	-0.047 0.653	1	0.548 ** 0.000	0.403 ** 0.000	-0.073 0.482	0.109 0.294
⑥	0.044 0.674	0.051 0.626	0.431 ** 0.000	0.113 0.278	0.548 ** 0.000	1	0.514 ** 0.000	0.034 0.744	0.173 0.095
⑦	-0.012 0.910	0.097 0.352	0.418 ** 0.000	0.251 * 0.015	0.403 ** 0.000	0.514 ** 0.000	1	0.330 ** 0.001	0.223 * 0.031

续表

因素	英语语言能力①	汉语语言能力②	社会语言能力③	语篇能力④	策略能力⑤	跨文化知识⑥	跨文化态度⑦	跨文化意识⑧	跨文化技能⑨
⑧	0.043 0.682	0.248 * 0.016	0.226 * 0.028	0.301 * * 0.003	-0.073 0.482	0.034 0.744	0.330 * * 0.001	1	0.246 * 0.017
⑨	-0.372 * * 0.000	-0.042 0.687	0.060 0.568	-0.134 0.198	0.109 0.294	0.173 0.095	0.223 * 0.031	0.246 * 0.017	1 94

Sig. (2-tailed)　　* * $p<0.01$　　* $p<0.05$

从表3可知，各项跨文化能力之间，具体相关关系有：

英语语言能力与汉语语言能力相关系数为0.330 * *，呈强正相关，与跨文化技能之间的相关系数为-0.372 * *，呈强负相关。

汉语语言能力与社会语言能力之间的相关系数为0.218 *，呈中度正相关，与语篇能力的相关系数为0.534 * *，呈强正相关，与跨文化意识的相关系数为0.248 *，呈中度正相关。

社会语言能力与语篇能力的相关系数为0.309 * *，与策略能力的相关系数为0.386 * *，与跨文化知识的相关系数为0.431 * *，与跨文化态度的相关系数为0.418 * *，呈强正相关，与跨文化意识的相关系数为0.226 *，呈中度正相关。

语篇能力与跨文化意识强的相关系数为0.301 * *，呈强正相关，与跨文化态度的相关系数为0.251 *，呈中度正相关。

策略能力与跨文化知识的相关系数为0.548 * *，与跨文化态度的相关系数为0.403 * *，呈强正相关。

跨文化知识与跨文化态度的相关系数为 0.514 * *，呈强正相关。

跨文化态度与跨文化意识的相关系数为 0.330 * *，呈强正相关，与跨文化技能的相关系数为 0.223 *，呈中度正相关。

跨文化意识与跨文化技能的相关系数为 0.246 *，呈中度正相关。

上述相关关系说明各项能力之间存在着比较紧密的相互影响和制约关系。具体而言，社会语言能力与其他八项能力中的五项能力之间存在相关关系，这说明社会语言能力是构成跨文化能力的重要因素。跨文化能力中社会语言能力与语篇能力、策略能力、跨文化知识、跨文化态度以及跨文化意识相关。所以，可以通过少数民族学生的社会语言能力来提高其跨文化能力。

当然还要进行偏相关分析，因为在多变量的情况下变量之间的相关关系是非常复杂的，两个变量间的简单相关系数往往不能正确反映这两个变量之间的真正关系；只有在消除其他变量影响的情况下计算它们之间的相关系数，所得数值才能体现其相关关系。为了获得社会语言能力与跨文化知识在消除其他变量影响后的确切相关系数，对其进行偏相关分析，结果见表 4。

表 4　社会语言能力与跨文化知识偏相关分析

控制变量	变量	相关性	社会语言能力	跨文化知识
语篇能力 & 交际策略能力 & 跨文化态度 & 跨文化意识	社会语言能力	相关系数	1.000	0.192
		显著性（双尾）		0.069
	跨文化知识	相关系数	0.192	1.000
		显著性（双尾）	0.069	

从表4可知，在消除其他变量影响后社会语言能力与跨文化知识两个变量间确切相关系数是0.192，这表明在控制其他变量的情况下，两者没有显著相关关系。

表5 策略能力与跨文化知识偏相关分析

控制变量	变量	相关性	策略能力	跨文化知识
跨文化态度	交际策略能力	相关系数	1.000	0.434
		显著性（双尾）		0.000
	跨文化知识	相关系数	0.434	1.000
		显著性（双尾）	0.000	

从表5可知，在消除其他变量影响后策略能力与跨文化知识量变量间的相关系数为0.434，这表明在控制其他变量的情况下，两者之间表现为中度相关关系。

三、讨论与建议

调查结果表明，少数民族本科预科新疆班学生跨文化交际能力中，汉语语言能力最强，其次是社会语言能力、跨文化态度、跨文化意识、交际策略能力、跨文化知识水平、语篇能力和跨文化技能，英语语言能力最弱。跨文化交际能力包括交际能力和跨文化能力两个部分，其中交际能力涵盖语言能力、社会语言能力、语篇能力和策略能力四个子能力；跨文化能力涵盖技能、知识、态度和意识四个成分。交际能力侧重外语语言能力培养，跨文化能力侧重情感因素（态度）、行为因素（技能）和认知因素（知识和意识）发展，但这两个部分并不是截然分开、互不相关的：情感因素、行为因素和认知因素能够帮助交际者更加积极主动地进行跨文化交际，从而促进外语语言运用能力发展；反过来，外语语言运用能力能够帮助交际者在跨文化交际活动中表现得更为自信和得体，从而促进跨文化能力提高。

语言能力指“语言知识的掌握和语言技能的运用能力”。从知识的角度来看，语言能力包括语言单位各个层次的知识，语音、词汇、语法等；从语言技能的角度来看，它包括听、说、读、写、译。少数民族本科预科新疆班学生汉语语言能力最强，是因为身处汉语学习的大环境中，学习时间长，汉语是进入本科预科学习以来的主要媒介语，而且有通过汉语 MHK（少数民族汉语水平等级考试）的硬性要求。这有利于学生顺利实现汉文化与本民族文化间的跨文化交际。学生英语语言能力弱，主要是因为学生参加的是民考民考试，同时英语也不作为高考录取的考试科目，一部分学生在本科预科阶段才开始英语学习，只有小部分学生学习英语时间超过三年。在日常交际中，学生从族际文化交际中受益的各项能力直接影响中西方跨文化交际能力，因此在文化交际中，学生虽然英语语言能力有限，但学生同样具备社会语言能力、跨文化态度、跨文化意识、交际策略能力、跨文化知识水平、语篇能力和跨文化技能。

社会语言能力指“对具体语境决定语言使用规约的敏感程度”，或者“理解语言使用受社会环境因素影响，并根据社会环境调整自己语言行为的能力”（钟华，2013）。少数民族本科预科新疆班学生的母语都不是汉语，但生长在母语文化与汉语文化交融的环境之中，入学后更是进行了系统的汉语学习。随着汉语水平的提高，学生的跨族际文化交流增加，这有助于学生更好地理解语境，并能根据语境来调整自己的语言。这样的能力在随后学习第三种语言英语时得以应用。因此，在少数民族本科预科新疆班学生的社会语言能力相对较强。

跨文化态度指“跨文化交际活动中应具有的积极的态度”。Byram（1997）认为积极的态度指“好奇、开放和悬置民族中心主义判断的意愿”（curiosity and openness，readiness to suspend disbelief about other cultures and belief about one's own），具体包括“寻找机会进行跨文化交际活动的意愿”“质疑自己的成见和价值观的意愿”“从他人角度来思考问题的意愿”等。跨文化交际活动中应对异文化采取理解、尊重和宽容的态度，而不是厌恶、仇视和本文化优越的态度。少数民族本科预科新疆班学生在这一项中表现较好，也是受益于汉语习得过程中不断增加的交际实践。访谈表明，交流是增进理解的主要途径，在交流的基础上理解，会对异族文化、异域文化给予更多宽容。

跨文化技能和语篇能力主要反映学生交际的灵活性和交际语言的流畅性、合适度，这也是对交际和跨文化能力更高层次、更具综合性的要求。少数民族本科预科新疆班学生受语言能力和水平的限制，在体现语言综合运用的交际和跨文化层面的表现欠佳。

皮尔逊相关分析表明，跨文化能力中多项能力存在正相关关系，只有英语语言能力与跨文化技能之间存在负相关关系。根据多年的教学反思，这种正相关关系说明，各项能力相互促进，相辅相成，而负相关关系是因为少数民族本科预科新疆班学生学习英语时间平均不足三年，大多为初一、初二的英语水平，而且在预科学习阶段，学生与英语国家的人交流机会很少，绝大多数学生都没有真正进行过跨中西文化交流，因此学生与对如何融洽相处、如何应对文化差异引起的交际冲突、并根据双方文化背景来灵活调整自己的交际行为以及如何应对各种社会情景和人际关系等方面的跨文化技能缺乏真实的反应。

偏相关分析表明，在消除其他变量影响后，社会语言能力与跨文化知识两个变量间没有显著相关关系。这说明即使少数民族学生掌握了一定的跨文化知识，但如果没有经过系统地训练，他们也不会将其转化为社会文化能力，不能根据环境选择合适的语言和行为。因此，在英语教学中，教师不能仅仅局限于跨文化知识的传授，更应该注重跨文化情景的创设，培养学生识别特定情景，并根据不同情景调整语言和行为的能力。

在消除其他变量影响后，策略能力与跨文化知识呈中度相关关系。在和来自不同文化的人们交流时，了解对方文化的风俗习惯、当前的重要事件和热门事件、时间观念、地理状况、政治情况，注意自己的着装和形象，交流中保持合适体距，这些知识有助于学生选择合适的语言交际策略，如转述、求助、拖延及非语言策略等。

转述策略指的是学习者遇到某一词汇表达困难时，通过释义、举例说明、使用近义词或同义词等间接表达途径使对方明白其所指；求助策略指的是交际者要求对方重述、解释某一词语或提供某一词语的正确表达；非语言策略指的是交际者运用手势、脸部表情、声音模仿等手段来表达意义；拖延策略指的是交际者运用套语（如well，you know）以赢得时间思考和表达真实意思。在遇到交际困难时会向对方发出不理解的信号，如英语中“I beg your pardon?”等，让对方重复或者重新组织话语。会用疑问语气重复对方话语，暗示自己在理解方面有困难。

培养学生的跨文化交际能力是少数民族本科预科语言教学的重要目标。因此，教师在教学中要通过提高学生的社会语言能力培养学生的语篇能力和跨文化技能，即注重培养学生根据不同交际情景、不同交际场合、对方的年龄因素、性别、身份和地位以及与对方的亲密程度来调整说话方式，得体、自然地开始交谈，选择合适的话题，顺畅地进行交谈，得体、自然地结束交谈，能和对方融洽相处，能应对文化差异引起的交际冲突，根据双方文化背景来灵活调整自己的交际行为，能应对各种社会情景和人际关系。

此外，还要鼓励少数民族学生接触不同民族文化、异域文化，在多元文化环境中生活，这样才能有效地提高学生的跨文化交际能力。

第三节　少数民族预科学生的文化适应策略实证研究

中国幅员广阔，地域之间文化差异很大，而且人口流动大，不同亚文化之间的迁徙必然会遇到文化冲击和文化适应的问题。尤其是近几年，随着民族地区经济发展和教育发展的需求的增加，越来越多来自少数民族边远地区的年轻人来内地工作或学习。他们身处以汉文化为主流文化的环境中，不同程度地感受着文化冲击，也在通过不同的文化适应策略不断调整自我，以适应新的环境。

在我国，关于文化适应策略的研究主要集中在外国在华留学生和城市外来务工人员这两个群体上。总体来看，针对内地少数民族群体的文化适应研究数量还较匮乏。王亚鹏和常永才等学者对在内地求学的少数民族学子的文化适应策略进行了调查研究，收集到了宝贵的研究数据，为我国的文化适应研究提供了独特的视角。

由于来自新疆的少数民族本科预科生大多来自边远牧区，之前从未离开过自己的家乡，相当一部分学生不会讲汉语，或只能用汉语进行最简单的交流。因此，在语言、风俗习惯、宗教信仰、生活习惯、教育基础等方面与内地学生存在非常大的差异，这种差异感、陌生感、压力感使他们更容易产生一种包括迷惘、孤独、疏离、抑郁等心理不适应感。

本研究以内地求学的新疆少数民族本科预科生为对象，探讨这个颇具代表性的少数民族群体在汉文化大背景下的文化适应过程以及他们自发采取的文化适应策略，以期对从事民族教育的机构以及工作者提供有益的借鉴，使他们有针对性地帮助和引导内地少数民族学生尽快提高文化适应能力。

一、研究理论背景

“文化适应”概念最早是由人类学家提出的，随后跨文化心理学家对文化适应提出了自己的理论框架，并进行了实证研究。

跨文化心理学认为，文化适应是两个或两个以上具有不同文化的群体及成员在直接、持续相互接触中所产生的文化和心理双方面的变化过程。从理论上说，这种文化模式的变化是双向的，而实际上，变化往往发生在弱势文化一方。因此，文化适应常常是指个体从熟悉的母体文化进入新的异质文化时逐步调整、接受、适应、融入该文化的渐进过程（Adler，1975）。

Berry（1992）认为文化适应包含两个基本的维度：（1）保持传

统文化和身份的倾向性；（2）和其他文化群体交流的倾向性。根据个体在这两个维度上的不同表现，Berry 区分了四种不同的文化适应策略，即融合（integration）、分离（separation）、同化（assimilation）和边缘化（marginalization）。

（1）融合策略：指个体能够很好地协调和平衡主流文化和自己的民族文化，在两种文化中都能很好适应，在接受异质文化时保留并揉入自身文化。

（2）分离策略：指个体拒绝主流文化，把自己完全封闭在自己的民族文化之中。

（3）同化策略：指个体放弃自己的文化，完全融入主流文化，模仿异质文化。

（4）边缘化策略：指个体既不认同主流文化，也不完全认同本民族文化，处于两种文化边缘地带，远离两种文化。

由于采纳“边缘化”的策略必定导致文化适应的失败，所以在文化适应研究中，通常不考虑该项适应策略。本研究也只涉及前三种文化适应策略。

二、研究设计

（一）研究对象

调查对象为北京邮电大学新疆籍少数民族本科预科生，平均年龄 20 岁，来自新疆地区十二个少数民族，其中维吾尔族和哈萨克族占大多数。

表1　调查对象基本信息（N=302）

	性别		家庭住址		年级		民族			专业背景	
	男	女	城镇	农牧区	一	二	维吾尔族	哈萨克族	其他	文科	理科
人数	149	153	155	147	167	135	195	86	21	95	207

按汉语水平，调查对象大致可以分为以下两大类：

（1）在进入预科学习之前，只会本民族语言（主要是维语和哈萨克族语），或只能进行最简单的汉语口语交流，这类学生占调查对象的40%左右。

（2）在日常生活中，以及在小学学习阶段，使用本民族语言，汉语只是在中学作为第二语言来学习的，上预科时他们只具备初级的汉语交流能力，这部分学生占调查对象的60% 左右。

（二）研究工具

调查问卷由两部分组成：

（1）个人背景调查

包括答卷人性别、民族、年级、专业、家庭住址等。

（2）文化适应策略调查

调查目的是考察少数民族学生在以汉文化为主流的文化环境中所采取的文化适应策略。问卷设计基于 Berry 提出的文化适应策略，参考王亚鹏（2005）的“藏族大学生文化适应问卷”，并根据调查对象的特点自行设计完成，包含了文化适应策略的三个维度：整合策略、同化策略、分离策略。原始问卷由 24 个问题组成，选项均由 5 级利克特量表组成。

（3）数据的收集及分析工具

本次调查共发放试卷 312 份，由教师在课堂上仔细讲解问卷内容，学生当场完成。收回有效答卷 302 份，有效回收率为 96.7%。数据录入后使用 SPSS14.0 进行分析。

三、调查结果

（一）区分度检验

对问卷的各项目与总分的相关系数（区分度）检验，删除与总体没有显著性关系的项目。文化适应策略问卷最终保留 15 个项目。

（二）信度分析

本研究采用 Cronbach's Alpha 系数作为内部一致性信度检验指标。

表 2　问卷的信度分析（Cronbach's Alpha 系数）

融合	分离	同化
0.782	0.754	0.722

经过信度检验，问卷内容能够反映变量的基本特征，可作为研究测试工具。

（三）少数民族学生文化适应策略调查及差异比较

首先对三种文化适应策略进行均值统计，然后方差分析比较对照组之间的差异：

表 3　文化适应策略水平及其在性别和年级上的差异（N = 302）

文化适应策略（均值）	男（n = 149）	女（n = 153）	一年级（n = 135）	二年级（n = 167）
融合策略 M 4.50	M 4.42	M 4.58	M 4.63	M 4.35
	P 0.016		P 0.000	

续表

文化适应策略（均值）	男（n =149）	女（n =153）	一年级（n =135）	二年级（n =167）
分离策略 M 2.08	M 2.16	M 2.00	M 1.92	M 2.27
	P 0.047		P 0.000	
同化策略 M 1.63	M 1.64	M 1.62	M 1.64	M 1.62
	P 0.823		P 0.833	

注：M 代表均值；P 为显著性水平；粗字体表明对照组之间存在显著差异。

讨论与反思：

将专业背景、生源地以及民族背景进行对比分析，结果对照组之间均未见显著差异，差异主要表现在以下方面：

（1）不同文化适应策略的使用现状

新疆少数民族学生的主导性文化适应策略是“融合策略”，均值在4分以上，其次是“分离策略”和“同化策略”（见表3）。

（2）文化适应策略的性别差异

“融合策略”水平女生略高于男生，而“分离策略”水平略显著高于女学生，“同化策略”没有性别差异（见表3）。

（3）文化适应策略的年级差异

“融合策略”一年级组高于二年级组，而“分离策略”二年级组高于一年级组（见表3）。

四、研究结论

（一）“融合策略”是新疆少数民族学生使用最多的文化适应策略

大多数新疆少数民族学生在内地学习期间，能主动寻求与主流文化的互动，采取的是比较积极的文化包容策略。

在问卷统计过程中我们还发现，大多数学生在偏向融合策略的同时，会附带不同程度的分离策略，分离策略实质上贯穿于融合策略中，两者是很难分清界限的。

事实上，对文化适应策略双维度模型最常见的批评（郑雪，2003）就是这四个策略相互是不独立的。本研究中的统计结果也印证了这种批评有一定的合理性。

（二）在文化适应过程中男生群体与女生群体存在着差异

事实上，在跨文化适应的性别因素方面的多个研究中，调查结果之间存在着分歧。如王亚鹏的研究显示性别因素对文化适应没有显著影响。而常永才（2008）的研究表明，女生似乎更倾向于积极去适应、也更加乐意融入主流文化中。此次对新疆少数民族学生的文化适应策略研究与常永才的研究结论一致。

笔者分析，在传统观念下，男性和女性被赋予了不同的社会角色，男性往往需要承担更多的社会责任；在维护民族文化和继承民族文化方面，以及在面对文化冲击时，他们会表现出较强的民族认同感。

（三）二年级少数民族学生的文化疏离感强于一年级学生

这个结果似乎与我们的期望值相背，但该现象可以从文化适应所经历的几个阶段中得到解释：对于文化适应的阶段，不同学者提出了不同的观点，但都具有共性或相似性。如美国学者 Adler（1975）提出文化适应的五阶段模式假说：接触阶段（initial contact）、疏离阶段（disintegration）、再融入阶段（reintegration）、自律阶段（gradual autonomy）和双文化依存阶段（reciprocal interdependence）。

接触阶段：刚进入异文化的个体对异文化有种新奇感，并表现出强烈的兴趣，此时还没有感受到来自异文化的冲击和压力；

疏离阶段：随着接触时间、范围与深度的加大，个体觉察到异文化与母体文化的差异，新鲜感消失，并出现迷惑、孤独和强烈的不适应感；

再融入阶段：个体开始尝试建立新的文化观，用新的眼光去审视异文化，尽量避免做出不公正和偏激的评判；

自律阶段：个体开始承认文化差异，他们原先怀有的心理防御开始解除，对两种文化的异同能进行较为客观的评价，此时个体能比较自如地应付新异的环境，走向适应的初期；

"双文化依存阶段"：个体对文化差异的认识更加透彻，文化意识更加理性和成熟，上升到"双文化境界"（biculturalism），能够在两种文化中自如生活和工作。

文化适应策略随着时间动态变化的现象也支持了 Lysgaard 提出的"U 型曲线假说"（U - Curve Hypothesis）：文化适应是一种动态过程，大致经历三个阶段，最初调整阶段（initial adjustment）、危机阶段（crisis）和再度调整阶段（regained adjustment），文化适应者的满意程度呈现 U 型曲线（孙乐岑等，2009）。

文化适应与在目标文化中所处时间密切相关，往往会随着时间的变化而经历不同阶段：当个体在开始进入一个陌生文化时，情绪非常高昂，然后逐落，后来随着逐渐适应新的环境，情绪重新回升，呈 U 型发展。

刚从新疆到内地求学时间不长的一年级学生（本研究受试者来

内地学习三个月时间），他们正处在文化适应的第一阶段，以新鲜好奇的眼光和心态看待新的文化，还没有深刻感受到来自异文化的冲击和不适应感，此时他们大多会采取“融合策略”；而进入二年级的学生经过一年多的内地生活，对母体文化和异文化间的差异有了越来越深刻的感受，这种差异感会加剧失落感或隔阂感等心理，这些学生处在文化适应的“疏离阶段”。

随着时间的推移，相信在内地院校的边疆地区学生会慢慢适应和包容内地文化，进入文化适应的再度调整阶段，进而更多地采纳整合策略。

值得注意的是，海外留学生的文化适应往往以三个月为周期（郑雪，2003），与海外文化适应的迫切性相比，国内的文化适应周期显然要长一些。而本次研究表明，内地求学的新疆少数民族学生文化适应的阶段性比较长（一年多）。

（四）少数民族学生的本土文化情结

在内地求学的新疆少数民族学生文化适应策略中，同化策略是使用最少的策略，体现了少数民族学生的本土文化情结。

由于本次研究的被试样本有限，也没有采用纵向追踪的研究方法，关于内地求学的少数民族学生文化适应问题还需进行更深入的研究与探索。

五、教育对策

如何使在内地求学的边疆少数民族学子能够早日认识和理解社会文化的多样性，欣赏不同的文化特质，抱着宽容的态度对待异域文化，学会汲取不同文化的精髓，塑造开放的民族心态，早日适应新的环境；同时能够珍视其本民族文化，增强民族自信心和自豪感，传播优秀民族文化尤为重要。

对此，笔者提出以下几点建议，希望对从事少数民族教育的人员有一定的借鉴作用。

（一）创设“接收”环境

在心理学意义上，“接收”属于被动性情感，此时的外显行为虽不多，但对学习者而言，这是学习过程的起点，也是兴趣的最低水平。应努力创设丰富多样、令人愉悦的文化学习环境，激发、引导和维持少数民族学生对文化内容的关注（L. W. 安德森等，1998）。

教育者应融合多种教育资源，充分利用文本资源（如图书、报纸、杂志、图片等），音像资源（如电影、电视节目、录像和各类教育软件），社会资源（社会文化现象、时事、民族节日、纪念日、历史人物与事件等以及现实生活中有文化教育意义的内容），学生资源（来自不同民族和文化背景的学生从各自的家庭、生活经历、本土文化带来的文化知识与经验），多层面、多视角、全方位地生动展示多元文化特质，让学生尽可能多地接触、了解异域文化，并经常性地关注文化现象和事件，培养和增强学生对多元文化的“接收”情感。

（二）引导“反应”情感

教育工作者要认真分析少数民族学习者特征，例如：学生现有的知识水平、态度、文化背景等，运用符合学生认知和心理特点的多元文化教育活动，精心设计文化学习内容，例如专题讲座、板报、演讲、辩论、表演、访谈等，同时营造民主、开放的环境，引导和鼓励学生针对各种文化现象进行探讨，通过倾听他人观点、阐述个人立场、表达不同见解，刺激学生对文化信息输入的反应能力，进而增强学生汲取文化养料的自觉性。

（三）促进“价值观”形成

“形成价值”是学习过程中一个非常重要和关键的情感目标（D. R. 克拉斯沃等，1989），直接关系到学生最终是否能够形成健康、开放的文化观念。要通过大量的事实引导学生接纳“不同文化和不同民族要平等相待、相互学习、取长补短、兼容并蓄、共同发展”的多元文化理念。使学生深刻领悟到不同文化之间、不同民族之间的和谐、尊重、团结、互助是幸福之本、社会安定之本、国家发展之本。

促进学生形成正确的文化价值观依赖于教育者创设文化学习的情境，使学生能够各抒己见，畅所欲言，明辨是非，增强识别力。可以通过运用启发性问题、挑战性情境、冲突性观念来锻炼他们的批判性思维和反思性思维能力，使他们在面对各种价值观时能够做出正确的判断和明智的选择；引导他们在文化发展和交流领域要坚定信念、坚守理想、坚持正义。

（四）激发“外显行为”

“外显行为”是依据价值观展示或调节自己行为的一种素质。

通过一段时间的学习，学习者逐渐能够依据已形成的文化价值观和信念不断调整、修正或完善自己的行为。例如，接纳文化差异、摒弃文化偏见、消除文化歧视、学会在相互尊重的前提下进行平等交流和对话，使自己具有宽容、豁达、包容异己、海纳百川的胸怀和气度。

教育者可以利用纠正偏误、示范榜样、情景再现、社会调查等多种策略来帮助学生将内在的情感品质转化为外显行为；要帮助少数民族学生发展与不同文化、不同民族成员的交往能力，使他们能够在跨文化交流中展示开放的民族心态，在遇到文化冲突或矛盾时，能够顾全大局，客观冷静思考，借助理性手段解决问题。

内地求学的少数民族学子是边疆少数民族地区未来政治、经济以及文化建设的骨干人才，将担负着维护国家统一、促进民族团结、振兴经济，促进交流与合作、弘扬民族文化、传承民族文明的重任。面对当今不同文化间日益激烈的碰撞、渗透、交流和融合，民族教育工作者要倾听少数民族学生心声、启发学生心智，启迪学生思考，使这一特殊群体顺利完成在内地的文化适应过程，并最终形成健康、包容、开放的文化心态。

第四节　少数民族预科学生跨文化能力培养途径

跨文化交际能力由知识、动机和技能三部分组成，要求交际者同时具备认知、情感和行为层面的能力，是一个很高的目标（胡文仲，2013）。当前跨文化能力培养已成为大学英语教学改革的重点之一。在全球一体化、文化多元化的时代，提升跨文化能力成为高校培养创新性人才的重要要求（钟华、樊葳葳、秦傲松，2001）。跨文化外语教学作为一种将语言教学与跨文化教育有机结合的教学理念和模式尚处起步阶段，还未达到系统化的程度。然而，要将文化教学推向系统化的台阶，必须在大纲制订、课程设置、教材编写、课堂教学和测试以及师资培训等各个教学环节上进行深入的改革，这是耗时费力的工程，决非一蹴可就。培养跨文化交际能力，可从以下具体途径来进行。

一、加强师资培训

建设高素质的教师队伍带动学生跨文化交际能力提高。只有教师具备了较强的跨文化交际能力，才能促使外语语言教学向跨文化教学转变。英语教学改革，最关键的是抓师资队伍建设。英语教学的各个环节都要围绕素质教育的内容、要求和目的，围绕大学生跨文化交际能力的提升，这就对教师提出了更高的要求。可以通过出国培训、文化讲座、理论研讨、学术交流等多种形式，建设一支具有较高跨文化交际能力水平的高素质的教师队伍。

二、进行综合性英语教学改革

大学英语教学改革是一个系统工程，从教学理念、教学模式、教学手段、教学方法、教学艺术、教学评价机制等方面都要进行一场综合性的改革和创新。

例如，完善《英语教学大纲》词汇表中有文化内涵的词汇，注明其文化内涵；给学生开设“语言与文化”“跨文化交际学”“英美概况”等选修课或系列讲座，以增强学生对文化差异的敏感性，提高其文化素养；在编写教材时贯彻语言技能训练与文化传授并重的原则，使学生在提高英语水平的同时，充分吸收文化知识。

语言教学过程中，教师在重视语言形式正确性的同时，也要重视教授语言的使用规则，语言使用的“得体性”。在观看原版电影、录像、教学节目时，要有意识地引导学生注意非语言交际手段在日常交际中的运用。在讲授语法规则、语篇知识时，还要注重中英语法、语篇的比较，使学生了解其中的文化差异。要善于将深层文化的教学与普通文化、高级文化的教学结合起来，因为它们本身就是密切相关的。

在预科英语教学中，教师应增加英语文化背景的介绍与传播，强化跨文化交际的英语语言应用训练，搭建开放性的教学资源共享平台，开阔少数民族学生在语言学习中的实践视野，让学生在多元化的跨文化交际教学资源中深刻把握跨文化交际能力培养的关键要素。

三、培养双向跨文化意识

跨文化意识是大学生对目的语文化因素和母语文化因素及其差异的敏感性和自觉性。文化相对意识是摈弃民族中心主义、消除文化偏见的文化相对主义态度——文化只有差异，而没有好坏和优劣之分。具有文化相对意识也是正确树立跨文化意识和成功进行跨文化交际的首要条件。

少数民族大学生还应具有关注文化现实、体验文化生活的现实关注意识。只有在现实生活中进行跨文化学习和跨文化实践，才能真正体会跨文化知识的价值和跨文化学习的重要性（孔德亮、栾述文，2012）。意识发展、文化调适能力培养、知识传导和交际实践能力锻炼是培养跨文化交际能力的“四合一”模式。语言教学始终是外语教学的中心任务。因此，我们可以将听、说、读、写、译五大语言技能的训练作为意识培养、文化融入和交际策略训练的“载体”：通过案例分析、目的性问题设置、角色扮演等途径培养实现跨文化意识的提高、文化知识的积累以及文化调适能力的发展；同时，通过五大技能的综合训练，实现交际实践能力的提高，从而达到培养具有跨文化交际能力的外语人才的目的（杨盈、庄恩平，2007）。

注重跨文化能力培养应成为预科英语教学的主要内容，英语教学应顺应时代潮流，完善跨文化教学和人才培养理念，树立新的教学观念，明确跨文化教学的基本原则，正确实施跨文化教学策略，力求完善本土化、多元化和可持续发展的跨文化教学形式，例如，开展课外活动，加强国际交流，把学生置身于真实的跨文化交流互动中去，并综合发挥互联网、校园网、自主学习平台等的优势，突破预科英语课堂和师生交流的局限性，拓展语言文化学习的外部空间，并为跨文化教学模式创建发挥积极的作用。

参考文献

[1] Adler P. The transitional experience and alternative view of culture shock [J]. Journal of Humanistic Psychology, 1975 (15): 13 -23.

[2] Berry J. W. Cross Cultural Psychology: Research and Applications [M]. Cambridge: Cambridge University Press, 1992.

[3] Byram M. Teaching and Assessing Intercultural Communicative Competence [M]. Clevedon: Multilingual Matters, 1997.

[4] Canale M. & Swain M. Theoretical bases of communicative approaches to second language teaching and testing [J]. Applied Linguistics, 1980 (1): 1 -47.

[5] Chen G. M. Relationships of the dimensions of intercultural communication competence [J]. Communication Quarterly, 1989 (37): 118 - 133.

[6] Chen G. M. & Starosta W. J. Intercultural communication competence: A synthesis [J]. Communication Yearbook, 1996 (1): 353 - 383.

[7] Fantini A. E. Assessing intercultural competence: Issues and tools [A]. In Deardorff D K. The SAGE Handbook of Intercultural Competence [C]. Thousand Oaks, CA: Sage, 2009.

[8] Hymes D. H. On communicative competence [A]. In Pride J B & Holmes J. Sociolinguistics: Selected Readings [C]. Harmondsworth: Penguin, 1972.

[9] Samovar L. A. & Porter R. E. Communication Between Cultures (5thed.) [M]. Beijing: Peking University Press, 2004.

[10] Spitzberg B. H & Cupach W. R. Interpersonal Communication Competence [M]. Beverly Hills, CA: Sage, 1984.

[11] Wen Q. Globalization and intercultural competence [A]. In Tam K & Weiss T. English and Globalization: Perspectives from Hong Kong and Mainland China [C]. Hong Kong: The Chinese University Press, 2004.

[12] D. R. 克拉斯沃，B. S. 布卢姆，等. 教育目标分类学（第二分册情感领域）[M]. 施良方，张云高，等，译. 上海：华东师范大学出版社，1989.

[13] L. W. 安德森，L. A. 索斯尼克. 布卢姆教育目标分类

——40年的回顾［M］. 谭晓玉，袁文辉，等，译. 上海：华东师范大学出版社，1998.

［14］常永才. 民族地区中学生心理适应问题及其教育对策研究［J］. 当代教育论坛：学科教育研究，2008（12）：5－9.

［15］杜瑞清，田德新，李本观. 跨文化交际学选读［C］. 西安：西安交通大学出版社，2004：432.

［16］胡文仲，高一虹. 外语教学与文化［M］. 长沙：湖南教育出版社，1997.

［17］胡文仲. 跨文化交际能力在外语教学中如何定位［J］. 外语界，2013（6）：2－8.

［18］高永晨. 大学生跨文化交际能力的现状调查和对策研究［J］. 外语与外语教学，2006（11）：26－28，55.

［19］谷亚华，张贵祥. 少数民族大学生跨文化交际的困境、成因及其教育对策［J］. 民族高等教育研究，2014（6）：16－21.

［20］贾玉新. 跨文化交际学［M］. 上海：上海外语教育出版社，2004：480.

［21］孔德亮，栾述文. 大学英语跨文化教学的模式构建——研究现状与理论思考［J］. 外语界，2012（2）：17－26.

［22］刘学惠，跨文化交际能力及其培养：一种建构主义的观点［J］. 外语与外语教学，2003（1）：34－36.

［23］骆惠珍，万维强. 少数民族预科学生跨文化交际能力调查［J］. 新疆教育学院学报，2014（1）：24－28.

［24］孙乐岑，冯江平，林莉，等. 在华外国留学生的文化适应现状调查及建议［J］. 语言教学与研究，2009（1）：41－48.

[25] 孙有中. 外语教育与跨文化能力培养 [J]. 中国外语, 2016 (3): 1, 17-22.

[26] 孙有中, Janet Bennett. 走向跨文化教育：孙有中教授和 Janet Bennett 博士学术对话 [J]. 外语与外语教学, 2017 (2): 1-8.

[27] 王亚鹏. 藏族大学生的民族与文化认同研究 [M] //万明钢. 多元文化视野价值观与民族认同研究. 北京：民族出版社, 2006.

[28] 文秋芳. 英语口语测试与教 [M]. 上海：上海外语教育出版社, 1999.

[29] 吴卫平, 樊葳葳, 彭仁忠. 中国大学生跨文化能力维度及评价量表分 [J]. 外语教学与研究, 2013 (4): 581-592.

[30] 许力生. 跨文化的交际能力问题探讨 [J]. 外语与外语教学, 2000 (7): 17-21.

[31] 杨盈, 庄恩平. 构建外语教学跨文化交际能力框架 [J]. 外语界, 2007 (4): 13-21.

[32] 张红玲. 跨文化外语教学 [M]. 上海：上海外语教育出版社, 2007.

[33] 张红玲. 以跨文化教育为导向的外语教学：历史、现状与未来 [J]. 外语界, 2012 (2): 2-7.

[34] 张红玲, 虞怡达, 沈兴涛. 基于竞赛的跨文化能力评价研究——以"外教社杯"上海市高校学生跨文化能力大赛为例 [J]. 外语界, 2018 (1): 52-61.

[35] 张卫东, 杨莉. 跨文化交际能力体系的构建——基于外语

教育视角和实证研究方法 [J]. 外语界，2012 (2)：10 - 16.

[36] 赵爱国，姜雅明. 应用语言文化学概论 [M]. 上海：上海外语教育出版社，2003.

[37] 郑雪，David Sang. 文化融入与中国留学生的适应 [J]. 应用心理学，2003 (1)：9 - 13.

[38] 钟华，樊葳葳. 非英语专业大学生的跨文化交际能力培养 [J]. 外语界，2000 (2)：14 - 16，38.

[39] 钟华，樊葳葳，秦傲松. 非英语专业学生社会文化能力调查 [J]. 外语界，2001 (4)：19 - 23，34.

[40] 钟华，白谦慧，樊葳葳. 中国大学生跨文化交际能力自测量表构建的先导研究 [J]. 外语界，2013 (3)：47 - 6.

[41] 庄恩平. 对经济全球化背景下跨文化交际学研究的思考 [J]. 中国外语，2006 (1)：57 - 61.

第七章

少数民族预科英语教师素质要求

第一节　英语教师的素质要求

“师者，所以传道授业解惑也。”一千多年前，韩愈在《师说》中就指出了教师的职责。传道、授业、解惑这三重责任决定了老师必须具备高尚的师德、良好的专业素质和情感素质等综合素质。

外语学科的特殊性决定了外语老师应具备更高的素质。当代外语老师肩负着以下重任：

（1）通过外语这一媒介，让学生更多地了解外面的世界。

（2）引导学生树立本土文化传播意识，通过外语传播民族文化，让世界了解中国。

（3）为我国培养既有专业知识，又有对外交流能力的国际化人才。

（4）面对当今东西方文化的碰撞和交融，帮助学生形成正确的文化观和价值观。

（5）培养具有跨文化意识和文化包容意识的现代化人才。

（6）通过外语学习，激发学生热爱祖国，报效祖国的爱国热情。

以上责任要求当代英语教师应具备以下几种基本素质。

一、政治素质

英语教师的基本素质不能脱离教师的神圣职责，即培养忠于祖国、忠于人民、热爱国家、热爱人民、报效国家、服务人民、奉献社会的青年一代。作为外语教师，必须是坚定的爱国者，要树立崇高的理想，具有强烈的爱国主义精神和为教育事业献身的精神，能够在教学过程中，结合教学内容，潜移默化地将正确的世界观、人生观和价值观传授给学生，既要教书，又要育人。

二、道德素质

教师的道德素质，即师德修养，具有巨大的教育价值，是所有修养的第一前提。

师德修养的内涵包括：

（1）高尚的品德

教师应是学生的行为榜样和道德楷模，正直、诚信、宽容、善良的性格，积极向上的价值观和人生态度都是教师品德的基础。具有崇高人品修养的老师往往在学生中享有崇高的威望，并能产生巨大的向心力。如果教师没有崇高的品德，即使专业知识和能力很高，也不可能成为优秀教师。

英语教师要注重在日常学习生活中用自己的处世态度去影响学生，用自己的一言一行去感染学生，用自己的人格魅力去激励学生。

（2）爱学生的心

爱是一切教育的起点，关爱每个学生是教师应有的品质，师生的交流应该是心与心的交流，陶行知说：“爱是一种伟大的力量，没有爱就没有教育；真教育是心心相印的活动，唯独从心里发出来，才能打到心的深处。”（转引自徐明聪，2007）教师的爱心对学生的影响是巨大、深远的，而且常常是持续终身的。近年来教育界提倡的“赏识教育”和“理解教育”之所以能引起的巨大反响，也说明了全社会对“爱的教育”的企盼。

（3）严谨治学、爱岗敬业

学生对教师不是“听其言而信其道”而是“观其行而亲其人”。教师的言传身教对学生具有很强的影响力，教师的一言一行会对学生情感的陶冶、意志品质的形成、行为习惯的养成产生潜移默化的影响。严谨治学的教师才能成为学生学习和生活的楷模，爱岗敬业的教师才能培养出有社会责任感的学生。

三、专业素质

英语教师首先是教师，必须具备其他学科教师的基本素质；同时，作为一个语言教师，语言的特殊社会功能和认知功能使他们的工作具有十分鲜明的人文性。因此，英语教师特有的专业素质要求是由外语学科的性质所决定的，英语教师要具备语言、文化、文学、心理学、教育学等方面的修养和造诣。

（1）英语教师必须具备系统的现代语言学理论

对语言学基本理论的了解和掌握有助于在更大的背景上理解和认识英语语言，增强教学中的自觉性。在教学中，不仅要知其然，并且要知其所以然。英语教师不仅应当了解对教学有直接帮助的基础语言学和应用语言学常识，比如语言的本质和属性，语言的发展与变化，世界语言的简单类型分类和亲属分类，语言结构的普遍性和特殊性，语言的对比，语言的精确与模糊，语言和言语，语境对言语意义的影响，语用学常识以及语言的内部结构（包括语音学知识、词汇学知识、语义学知识、句法学知识和语篇结构知识）等，也要有能力自觉运用这些知识来指导外语教学。

（2）英语教师必须掌握外语学习和习得理论

近年来，外语习得的研究取得了长足的进展，特别是有关中介语、学习者学习心理、学习风格和学习策略等方面的研究成果对教学实践有很大的指导作用和启发，这就要求英语教师熟悉这些理论，并对英语学习和教学的特殊性有清楚的认识，引导学生掌握外语学习方法和学习策略，为学生的自主学习、探究学习和终身学习奠定基础。

（3）英语教师必须掌握外语教学理论

外语教学史上有过许多种教学流派和方法，包括语音教学、词汇教学、听说教学和句法结构教学的常用方法以及培养听、说、读、写能力的常用技巧，这些教学方法都是在一定的语言学和心理学理论基础上产生的，在不同程度上对教学实践起着指导作用，具有很好的借鉴价值。

需要注意的是，近年来外语界常提到的一些外语教学法，如：听说教学法、交际教学法、任务教学法、沉浸教学法等，都是从西方引介到国内英语教学中来的，这就有如何将国外教学理论与本土化教学实践相结合的问题。外语教师应了解这些外语教学法的来龙去脉和优劣之处，用客观辨证的观点来看待它们，根据不同的教学对象、不同的教学内容、不同的课型，选用恰当的教学方法和技巧。

笔者认为，不存在普遍适用的“最先进的教学法”或者所谓的“外语教学的最优模式”。无论什么教学法都会有其特定的适用环境和对象，也都会有其局限性。对于教学法理论，特别是国外的理论，要学习引进，更要思考和辨别，避免盲从和“赶时髦”。不应片面地认为新的教学法就是先进的，传统的教学法就是过时的和落后的，这是一种非理性的认识。理性的态度应该是在了解熟悉各种理论方法的基础上，结合中国国情和教学对象的特点，通过教学探索，对各种方法进行筛选和合理吸收，取长补短，为我所用，并在实践中不断尝试、不断调整，努力创新，逐步形成自己的教学策略和风格，摸索出行之有效的教学技巧和方法。这样才能避免教学中的生搬硬套，人云亦云。

（4）英语教师必须具备较为扎实的专业技能

高校英语教师必须具备较高的听说读写译等方面的英语技能，能够从容自如地驾驭课堂，充分展示高超的语言运用能力。课堂语言的使用是一门艺术。一个教师的课堂语言质量从很大意义上决定着教学质量的优劣。因此，英语教师更应不断提高自己的英语语言运用能力。教师的外语实践能力既能为学生提供楷模示范作用，又能为课堂教学的有效实施提供可靠保障。因此，英语教师应该将提高和完善自己的英语语言能力摆在重要的位置。

（5）英语教师必须具备现代教学思想和理念

长期以来，我国的英语教学带有明显的功利主义色彩，“应试教育”的盛行，英语教育的人文性被严重忽视。时代的发展要求我们从“以知识为本”的教育理念转变为“以学生发展为本”的教育理念，重新认识英语课程的目标与定位。

在教育观念上，教师必须树立符合素质教育的英语教育观，充分认识英语教学的特殊性及其在培养学生个性、促进学生全面发展、提高学生综合素质中所起的重要作用。

在教学思想上，要充分体现学生的主体地位，以人为本，以学生的发展为本；要重视教学过程，不仅教会学生“是什么”“做什么”，更要让学生知道“如何做”“如何用已有的知识去获取新知识”；要贯彻教学民主精神，通过课堂教学、课外活动等实践，开发和创设一种宽松的学习环境，培养学生自我学习、自我发现、自我探索的能力，为其终身发展打下基础。

要重视培养学生自主英语学习的兴趣和信心，这是以学生为本教育思想的关键。自主学习能力培养的关键是帮助学生认识自主学习的意义和必要性，转变他们的学习观念，帮助他们意识到学习成功的关键在于学习者本人。

现代教育思想强调学生在英语学习中充分发挥主观能动性，教师要注重培养学生自主英语学习的技能，要引导学生运用各种学习策略，主动承担学习的责任，自我管理英语学习，制定切实可行的学习目标，培养良好的英语学习习惯等。

总之，现代教学思想指导下的英语教师要从权威性的教导者，转化为学生英语学习的促进者、鼓励者，甚至是合作者，重视和培养学生的观察、记忆、思维、想象能力和自主创新精神；帮助学生了解世界和中西方文化的差异，拓展视野，培养爱国主义精神，形成健康的人生观，为他们的终身学习和发展打下良好的基础。

(6) 英语教师必须具备现代教学技术的运用能力

随着网络信息技术的发展，多媒体的应用已经渗透到科学技术和社会的各个领域，对当代教育产生了深远的影响。以计算机、网络为代表的高科技具有比传统的教育媒体更强大的功能，为教师的教学改革提供了更广阔的天地。

现代教育技术的发展对英语教师的素质提出了更高的要求，它不仅要求英语教师熟练地运用传统的教学媒体，而且更要学习和掌握运用现代信息技术的知识技能，要懂得各种教学媒体设备的使用操作，掌握各种信息资源，特别是网络上信息资源的收集和利用方法，学会在课堂教学中组织学生利用现代信息技术和信息资源进行研究型学习的方法，具备自制多媒体课件及各种教学软件的技术，在英语教学中合理利用计算机辅助语言教学（CALL—Computer - Assisted Language Learning)，开发英语教学资源，拓宽学生学习和运用英语的渠道，改进学习方法，提高学习效果。

教师在实际的英语教学过程中，既可以利用音像和网络资源等，丰富教学内容和形式，提高课堂教学效果；也可以利用计算机和多媒体教学软件，探索新的教学模式，促进个性化学习，帮助学生了解英语国家文化，不断拓展学生的文化视野，加深对本民族文化的理解，发展他们跨文化交际的意识和能力。

总之，使用现代化网络多媒体教学手段能为学生创造一定的英语环境，增强语言交际的真实感，提高学生的求知兴趣，使课堂教学更加生动形象。因此英语教师必须要学会熟练使用电脑，能进行丰富的英语课件制作，以便更好地为英语素质教育服务。

(7) 英语教师必须具备较强的科研能力

科学研究能力的发展是大学教师专业发展的一项重要内容。德国学者雅斯贝尔斯（Karl Jaspers）曾经说过：“大学教师首先应该是研究者，他所面对的是成熟、独立和有精神追求的年轻人。教师要指导、激励学生刻苦钻研，最好的研究者才是最优良的教师。只有这样的研究者才能带领学生接触真正的求知过程乃至于科学的精神。”（转引自郭涵，2001）

现代教育给教师提出的挑战是多方面的，教师只有把自己定位在研究者上，以教学带动科研，以科研促进教学，才能成为教学活动的积极参与者和主动适应者。

“教师即研究者”这一提法，较早见于英国著名的课程研究学者斯腾豪斯（Stenhouse，L）。他把教师研究的重要性推到了醒目的位置，认为所有的课程研究和设计，无论是教师个人还是团体的，无论是学校自发研究的项目还是国家资助的项目，都是建立在课堂研究的基础上的，这在很大程度上依赖于教师的工作（转引自郭涵，2001）。

要树立“教师即研究者”的理念，教师自身就应该是一位积极的、有创造性和主观能动性的教育和教学研究者，这是时代赋予教师的使命。英语教师应以研究者的身份走进课堂，以研究者的眼光审视教学理论和实践，改变“教书匠”的角色定位，要实现教师从知识传授者到学生学习促进者的角色转换，学会把自己长期积累的经验加以总结，然后上升为理论，再用理论指导实践，通过总结，检讨、反省、思索并解决教学过程中存在的问题，使自己的英语教学、教研工作有质的升华。

此外，教师的教研能力还体现在教师个人在教师群体中的协调和合作的能力，英语教师在教研过程中，要抱着开放、包容的心态，在与同事对不同的思想、观念、教学模式、教学方法进行交流过程中吸取宝贵的经验，互相切磋，互相学习，彼此帮助，共同提高。

四、文化素质

英语教师必须具备良好的文化修养和跨文化意识。众所周知，语言是文化的载体，语言是文化的一面镜子。语言从来就不可能离开文化独立存在。教英语自然离不开英语文化。英语教学的一个重要目标就是培养学习者运用英语进行交际的能力，而培养这种能力，单靠语音、词汇、语法、句子是远远不够的，还要学习了解语言形式之外更丰富的文化内容。跨文化交际知识、语用意识、文化敏感性是英语教学的重要目标。英语教师如果对西方文化知识知之甚少或一无所知，势必会对某种语言现象知其然而不知其所以然。在教学过程中，老师则无法解释这种语言现象产生的根源，教学效果和学习效果均难以保证。反之，如果教师能对某种语言现象的产生追本溯源，则会活跃课堂气氛，开阔学生视野，使学生在理解的基础上记忆，教学效果势必会大大提高。

需要特别指出，英语教学中的文化输入不仅包括英美等西方国家文化，也应该包括中国的文化，良好的中国文化修养是英语教师必须具备的修养。英语教师必须具备跨文化意识，并且在教学中时时向学生传递这种意识。这样有利于培养学生的文化敏感性，为英语学习奠定良好的基础，同时还有利于提高学生的综合素质。

综上所述，一个优秀的英语教师，不仅仅体现在掌握了渊博的专业知识、高超的教学技能、先进的教学模式，而更应该在教育的理想、教育的信念、教育的境界、教育的追求方面不断地去提高自我、修炼自我、完善自我。

第二节　多元文化背景下教师的素质要求

美国多元文化教育学家班克斯（James A Banks，2006）提出，多元文化环境下的教师应具备以下能力：

（1）充实各族群文化知识，具备足够的知识和技能去解释族群文化；

（2）审视和反思自己对不同族群的言行及态度；

（3）利用各种方式传递不同族群的文化特征；

（4）正视学生中存在的文化差异、对学生表现出来的族群态度保持敏感性；

（5）审慎选择教材，筛除有种族歧视和偏见教材的内容；

（6）选择课外书籍或视听材料，补充教材文化内容的不足；

（7）增强学生对其他族群的了解，鼓励不同文化背景的学生分享不同文化；

（8）避免选用在一些问题上有冲突认识的材料；

（9）避免在概念、内容和教学活动中掺入有偏见的成分；

（10）对少数民族学生有高的期望值，激发他们的上进心；

（11）提倡合作学习，以促进族群间的相互理解和沟通；

（12）保持各族群间的平等，创造和谐的气氛。

阿伦德（Arend R. I.）在《学会教学》（Learning to teach）一书中也提出，多元文化环境下理想的老师应具备以下能力：

（1）牢记自己的责任是教育班级内所有的学生；

（2）坚信每个学生都有潜力；

（3）课堂教学中给每个学生同等的参与活动机会；

（4）经常自我反省是否在对待不同文化背景的学生时有差别；

（5）公平地评价学生的学习过程和结果；

（6）做到公正、公开地奖励学生，不可因学生来自不同的种族、群体、性别、社会阶层等而有不同的对待；

（7）时常了解学生的意见，看看他们是否察觉到了自己在期望上有偏差，随时检视，随时修正（转引自邓志伟，2007）。

第三节　少数民族预科英语教师的素质要求

面对来自全国各地几十个民族多元文化背景的本科预科生，从事少数民族预科教学工作的英语教师既要具备上述普通英语教师应有的素质，也要具有多元文化背景下教师的基本素质。

在多元文化背景下，少数民族预科英语教师必须要拥有多元文化的教育理念、知识、技能以及相应的情感、态度与价值观；要学会用多元的眼光来认识不同文化群体和异域文化；要掌握充足的多元文化知识，既要熟悉英美等西方国家文化知识，也要精通汉文化知识，并熟知少数民族文化知识；对传统文化、现代文化，东方文化、西方文化，主流文化、非主流文化都应有深入的了解和深刻的见解。

除此之外，多元文化环境下培训基地的英语教师还需有宽容和大度的品质。“宽容”体现在尊重文化的多元性，并努力促进对文化多样性的尊重、理解和丰富，引导学生从理解和认同本民族的文化，发展到鉴赏异域文化。一个心存偏见或者没有多元文化教育理念的教师，是不可能适应这种多元文化背景下的英语教学任务的。

基于上述认识，少数民族预科培养院校英语教师在教学中应努力做到以下几点。

一、对不同文化背景学生的理解和尊重

由于学生来源及其家庭背景的多样化，教师在整个教学的过程中除了要对学生强化进行爱国主义教育外，还必须充分理解和尊重表现在学生身上的民族性。也就是说，既要让学生对自己固有的民族文化有自豪感，又要让他们发自内心地热爱自己的国家。在处理这个问题上，教师应表现出高超的思想性和艺术性。既不把自己的观点和信仰强加给学生，也充分理解部分学生表现出来的民族自尊心；要注意在教学内容中有意识地加进去一些反映不同民族的辉煌历史和灿烂文化的内容，以此来启发和引导学生在弘扬本民族优秀文化传统的同时，学会包容并学习其他民族的先进文化，并最终树立开放的多元文化意识。

二、在教学实施中应体现计划性、创造性和现实性

教学的计划性主要表现在具体的教学内容中。教师备课时要做到严谨、认真。教学策略、教学方法、教学材料、课堂内容的组织

事先都要经过精心准备和细致安排。在设计文化内容的时候，要特别审慎，充分考虑教学需要和不同文化背景学生的特点。例如，在涉及饮食文化的课本内容时，要考虑到穆斯林学生的饮食习惯和禁忌，适当充实或删减教材内容。

教学的创造性体现在因材施教上，即在教学方法的选择、教学内容的处理，以及复杂多变的教育情境中创造性地运用教育教学规律。正所谓“教学有法，教无定法”。

在教学过程中，老师可以利用英语教学的人文性实施创新教学，通过增加各种各样的小组讨论、辩论、模拟场景、表演、专题发言等多种形式创设学生参与的机会，形成课堂上的经常性互动，进一步激发来自不同文化背景学生的学习兴趣，促进不同文化间的了解、理解、沟通和交流。

教学的现实性则主要体现在教学的各个环节。教学过程不应拘泥于书本，而是要把书本内容与现实生活结合起来，要学会对课本和教材进行二度开发，因为课本或教材一旦出版后就成了历史，因此课本或教材始终滞后于社会发展，这就要求我们在使用课本时要与现实社会发展相结合，注意补充一些与书本内容有关、而且具有教育性、知识性、时代性和趣味性的中外文化知识点，这些知识点的切入不仅丰富课堂教学的内容，也开阔学生的文化视野，激发学生的兴趣，并在潜移默化中丰富和完善学生的文化知识结构，增强学生消化和吸收文化知识的能力，逐渐形成开放的文化心态。

三、发展多元文化教育技能

面对不同文化背景的学生时，首先要理解文化差异，教师只有具有了对其他文化的理解和认识，并能够关注不同文化群体的需要，才能在教育中为每一个学生创造平等的学习环境。

面对不同文化背景的学生，老师应热情鼓励其大胆参与课堂活动，积极发表自己的观点，使每一位学生都有被尊重、被重视的感觉，这对增强学生的独立性和自信心是非常有效的。而对于那些来自边远地区英语基础薄弱、学习成绩较差的少数民族学生，老师不能有任何偏见，更不能有任何歧视，而是在适当的场合寻找让这样的学生发挥自己特长的机会，既注意保护他们的自尊心，也让他们对所学的知识产生兴趣、充满信心。最终成为具有社会责任感以及思想活跃、乐观自信、独立自主的人。

四、注重优化知识结构，提高文化素质

当今世界的信息化、网络化使学生获得知识的深度和广度大为拓展，课本和教师不再是学生学习知识的唯一来源，教师至高无上的权威性受到前所未有的冲击。因此，教师在教学中要注意融入其他学科的知识，努力拓宽、加深知识结构，这样才能在教学中做到应对自如，游刃有余，成为全能型教师。

少数民族预科培养院校英语教师要有广博的知识，不但要对英语语言知识深入了解，还要知晓其他学科的知识，包括科学知识、人文知识、社会环境、自然现象，特别要掌握好英语国家和我国多民族的文化、历史、政治、经济等方面的知识，同时对教育学、心理学、社会学、文化学、民俗学等理论都应有较为深入的学习和研究。

在教学中，不仅要让学生了解英语国家的历史、地理、艺术、风俗、风情等知识，同时要注重用英语这一语言媒介宣传我国各民族的文化。例如，可以组织各民族学生在英语课堂上做有关本民族文化的英语演讲，拓宽少数民族学生的文化视野，提高对中外文化差异的鉴别能力、欣赏能力。同时引导他们树立用英语这一国际通用语言弘扬中华民族优秀文化的意识和责任感。

第四节 结语

从广义上讲，一个人的素质包括两个主要方面，一是知识，二是品格，两者互相作用，相辅相成。对教师而言，知识是教的内容，而品格能影响教的方法和教的效果。教师的人格素质和知识素质会体现在教学活动的每一个环节上。因此，多元文化环境下的英语教师一定要将加强道德修养与提高专业素质和教学技能有机结合起来。

当今时代是一个信息时代和知识爆炸的时代，日新月异的文化、教育、科技发展要求教师的能力向广度延伸，向深度扩展。在少数民族预科生培养院校从教的英语教师更要有危机感和紧迫感，树立终身学习观念，要不断提高自己的专业知识水平、理论水平、科研水平和教学水平，不断充实、完善和更新自己的知识结构，崇尚科学精神，潜心钻研业务，博览群书，拓展视野，不断探索，勇于创新，这样才能跟上时代的步伐，做到博学多才，成为称职的教师。

同时，在当今不同文化日益激烈的碰撞、渗透、交流和融合的时代，面对来自多元文化背景的各少数民族学子，英语教师要怀有一颗文化包容的心，深刻理解和接纳当今世界文化的多元性。一方面，培养学生的文化包容意识和开放的文化心态，引导学生通过英语学习来了解、吸收、接纳异国、异域的优秀文化；另一方面，帮助学生认识到珍视和传承民族文化的重要性，教育少数民族学生树立民族自信心和自豪感，要学会利用英语这一最重要的国际通用语言弘扬民族文化传统、传播优秀民族文化。通过英语教育和学习，努力造就出更多具有跨文化能力和爱党爱国情怀的少数民族本科预科生，使其最终成长为卓越的公民。

2014 年第 30 个教师节前夕，习近平总书记考察北京师范大学时发表重要讲话，勉励广大师生做有理想信念、有道德情操、有扎实学识、有仁爱之心的“四有”好老师。

第 32 个教师节前夕，习近平总书记在北京八一学校考察时指出，“广大教师要做学生锤炼品格的引路人，做学生学习知识的引路人，做学生创新思维的引路人，做学生奉献祖国的引路人”。习主席指出：“扎实的知识功底、过硬的教学能力、勤勉的教学态度、科学的教学方法是老师的基本素质，其中知识是根本基础。”总书记还说，教师要做到四个相统一：“坚持教书和育人相统一，坚持言传和身教相统一，坚持潜心问道和关注社会相统一，坚持学术自由和学术规范相统一”。

总书记的讲话点明了教师的角色与作用，为培养高素质教师指出了方向。

参考文献

[1] Jack C. Richards, David Nunan. Second Language Teacher Education [M]. 北京：外语教学与研究出版社，2000.

[2] James A. Banks. An Introduction to Multicultural Education [M]. Boston: Allyn & Bacon, 2007.

[3] James A. Banks. Race, Culture, and Education—The Selected Works of James A Banks [M]. London: Routledge Publication, 2006.

[4] James A. Banks, Cherry A. Banks, Multicultural Education: Issues and Perspectives [M]. Hoboken: John & Sons, Corporated, 2006.

[5] Penny Ur. A Course in Language Teaching Practice and Theory [M]. 北京：外语教学与研究出版社，2000.

[6] Posner, G. Course Design: A Guide to Teachers [M]. London: Longman Press, 1994.

[7] 布鲁纳. 教育过程 [M]. 邵瑞珍，译. 北京：文化教育出版社，1982.

[8] 曹莉，王明，杨捷. 国外职业教育发展现状及对我国的启示 [J]. 职业技术教育，2000 (34): 87 - 89.

[9] 陈时见. 全球化领域下多元文化教育的时代使命 [J]. 比较教育研究，2005 (12): 37 - 41.

[10] 邓志伟. 多元文化课程开发 [M]. 合肥：安徽教育出版社，2007

[11] 高志敏. 终身教育、终身学习与学习化社会 [M]. 上海：华东师范大学出版社，2005.

[12] 郭涵. 研究性学习挑战今日教师 [N]. 中国教育报，2001 - 08 - 04.

[13] 联合国教科文组织. 学会生存——教育世界的今天与明天 [M]. 北京：教育科学出版社，2000.

[14] 联合国教科文组织国际 21 世纪教育委员会. 教育——财富蕴藏与其中 [M]. 北京：教育科学出版社，1996.

[15] 刘润清. 大学英语教学 [M]. 北京：外语教学与研究出版社，1999.

[16] 孟凡丽. 国外多元课程开发模式的演进及启示 [J]. 比较教育研究，2003 (2)：28 - 33.

[17] 徐明聪. 陶行知创造教育思想 [M]. 合肥：合肥工业大学出版社，2007.

[18] 张伊兴，李明. 我国外语教学改革之我见 [J]. 外国语，1999 (6)：42 - 47，80.

[19] 张正东，李少伶. 英语教师的发展 [J]. 课程·教材·教法，2003 (11)：59 - 66.

[20] 夏纪梅. 英语交际常识 [M]. 广州：中山大学出版社，1995.

第八章

少数民族预科英语教师专业发展探究

第一节　教师专业发展的历史背景

在教师专业发展（Teacher Professional Development）的概念提出之前，教师一直是一种“职业”，在专业化程度上远不如律师、医生等。教师专业化程度不高的根本原因在于教师行业缺乏严格的准入制度，教师的成长或发展缺乏科学的、独立的评价机制。随着教育，尤其是高等教育，逐步成为一个国家的经济、科技和社会发展战略体系的核心，教育价值的重要性空前显现，教育的质量、教师的水平也越来越受到关注。在这种大背景下，教师专业化以及教师专业发展问题被越来越多地提了出来。

1695年，德国法克兰在哈雷创办“教员养成所”，标志着教师教育开始了专业化的旅程（贾腊生，2008）。第一次工业革命之后，西方发达国家纷纷实行义务教育，以此作为提高劳动力素质的战略举措，政府对教师教育的干预也提到了议事日程：政府通过立法或行政手段，创立培养教师的机构、规定教师任职资格、规范教育过程和内容。这一时期是教师专业化的初级阶段。从 19 世纪 80 年代到 20 世纪初，很多西方国家开始追求教师的学历层次、知识结构、教学技能，进一步提升了教师专业化水平。

1966 年，国际劳工组织和联合国教科文组织在《关于教师地位的建议》中明确宣告教师职业是一种专业。教师被界定为一种“专业”，意味着教师成为专门化程度较高的行业。

1975 年，联合国教科文卫组织第 35 次国际会议通过了《关于教师作用的变化及其对于教师的职前教育、在职教育的建议》，强调指出：教师职业作为专业，必须重视职前教育与职后培训的统一性和教师培养的终身化。这为教师专业发展的操作提供了指导性原则。

20 世纪 80 年代，科学技术飞速发展，国际竞争日趋激烈，各国均加大对人才的培养力度，世界范围内掀起了新一轮教育改革。人们越来越认识到：师资质量是教育改革成败的关键因素之一。自 1986 年起，美国的霍姆斯小组、卡内基工作小组、复兴小组相继发表了《明天的教师》《国家为培养 21 世纪的教师做准备》《新世界的教师》等一系列重要报告，明确提出了以确立教师专业性为教师教育改革和教师职业发展的目标，引起了学校和教育行政机构的极大关注。在教育改革浪潮推动下，教师专业化有了实质性的进展，教师专业发展随之成为教育研究与改革的热点课题。

在中国，1971 年中央教育审议会通过的《关于今后学校教育的综合扩充和调整的基本措施》中指出，“教师职业本来就需要极高的专门性，应确认、加强教师专业化”。首次指出“教师职业本来就需要极高的专门性”，强调要确认教师职业的专业化。1994 年我国开始实施的《教师法》明确规定："教师是履行教育教学职责的专业人员"，第一次从法律角度确认了教师的专业地位。1995 年国务院颁布《教师资格条例》，2000 年教育部颁布了《教师资格条例实施办法》，从此，教师资格制度全面实施。2000 年，中国出版的第一部对职业进行科学分类的权威性文件《中华人民共和国职业分类大典》首次将中国职业归并为八大类，教师属于"专业技术人员"一类。

第二节　教师专业发展的内涵

根据"卡内基教学促进基金会"主席李·舒尔曼（Lee Shulman）博士的教学理念，教师必备的专业知识至少应该包括如下方面：学科内容知识、一般教学法知识、课程知识、学科教学法知识、学生及其特性知识、教育脉络知识、教育目的目标、价值、哲学及历史渊源知识。

专业技能主要包括：教学的技能、课堂组织与管理技能、管理学生行为的能力、评价学生及进行反思、交流的技能。此外，专业情感的健全是对教师价值信念的要求，是教师对教育教学产生的积极的情感。

美国教育联合会（NEA）在总结美国教师发展二十余年的实践基础之后的 1991 年指出，教师发展基本围绕着四个目的：个人发展、专业发展、教学发展和组织发展。

个人发展——包括采取整体计划，提高教师人际交往能力，维护健康，进行职业规划。

专业发展——包括促进个人成长，获得或提高与专业工作相关的知识、技能与意识。

教学发展——包括学习材料的准备、教学模式与课程计划的更新。

组织发展——集中于营造有效的组织氛围，促使教师采用新的教学实践。

教师专业发展的基本内容有：

1. 知识系统

教师不仅要具备普通文化知识、学科专业知识、教育教学知识，还要具备个人的实践知识，这是教师建构和完善知识体系的基本前提，是教师专业发展的基础。

2. 教育实践和教育研究能力

前者包括语言表达能力、组织能力、学科教学能力等；后者体现着教育实践与教育理论的密切结合，是教育教学创新对教师发展的必然要求，是教师专业发展的基本保证，也是衡量教师专业能力的核心内容。

3. 积极情感和高尚人格

教师的任务并不仅仅局限于传授给学生知识和能力，更在于引导学生个性的完善与发展，为学生进入现实世界开辟道路。学生具有天然的“向师性”，教师的积极情感、道德操守、价值观及人格等，会潜移默化地影响学生。

从教师专业发展的特征来看，教师专业发展是一种“自主性”或“主体性”发展，教师具有一定的自我发展意识和动力，自觉承担专业发展的主要责任，通过不断学习、实践、反思、探索，使自己的教学能力不断提高，并不断向更高层次的方向发展。

首先，教师专业发展是一个有意识的过程。教师专业发展的目的是使教师成为一个成熟的专业人员，在此过程中，教师对专业的认识不断深化，教师的专业素质不断提高；其次，教师的专业发展是一个持续的过程，为适应社会、学生、教育发展的需要，各个层次的教育者在其整个专业生涯中都必须成为终身学习者，因此，教师在教育教学实践中要不断反思，持续探索和创新。

分析国内外相关研究，我们可以发现教师专业发展涵盖了多个层面、多个领域的内容，既包括了知识的积累、技能的娴熟、能力的提高，也涵盖了态度的转变、情感的发展。同时，教师专业发展与传统的教师发展体系相比，具有主动性、创造性和可持续性。

由此，教师专业发展可以理解为：教师有明确的专业理念，主动通过行动研究、教学反思等形式不断接受新知识，拓宽专业内涵、追求专业成长，从而达到自身素质提高，形成可持续发展的过程。

教师的专业发展是教师作为一个教育教学的专业人员经历一个由不成熟到相对成熟及至成熟的发展历程。这个过程的导向就是最终使教师具备行使教师职能、应对和解决教育问题的优秀素质，成为一名知识型、反思型和学习型的专家。

第三节 中国英语教师专业发展存在的普遍性问题

在中国，虽然英语教师普遍对进一步提高自己的专业水平表现出较强烈的愿望，但是在教师的教育和专业发展过程中存在一些不容忽视的问题，大体表现在以下两方面。

1. 主观认识上的偏差

主观认识上的偏差包括有以下几种表现形式。

（1）一些教师不重视自身专业知识水平和能力的提高，没有树立终身教育观念，在教学中满足于现状，缺少主动性，缺乏创新精神、探究精神和反思意识。

（2）一些教师虽然掌握了心理学、语言学、教育学等多方面的理论知识，但在课堂上并没有用心地把学到的理论知识运用于教学实践中。

（3）有的教师教学与科研相脱离，为科研搞科研，而不是围绕教学搞科研。

（4）有些教师专业学习上急功近利，只有在晋级、评职时才学习，缺乏长远专业发展计划和方向。

2. 客观条件的限制

相当多的英语教师虽然有比较强烈而明确的自我发展意识和需求，也注重通过各种途径提高自己的语言运用能力和阅读有关语言教学方面的书刊，却苦于缺乏良好的教师教育发展的环境和氛围。具体表现在以下几方面：

（1）繁重的教学工作量常常使教师们疲于应付，难以实施有效的教学手段，难以付出足够时间和精力再谋发展。

（2）教师们期待的再教育方式包括脱产进修、国内访学、参加学术会议、在职进修等，但是现有的机会远远不能满足这样的需求。

（3）年轻教师对自己科研方面的期望值比较高，但苦于没有有效的科研方法，加之与外界联系与培训进修机会少，所以在科研方面缺乏方向、难有突破。

（4）即使有了深造的机会，绝大部分教师都把有限的进修机会用以攻读硕士和博士学位，为通过课程论文、第二外语和其他统考课程全力以赴，并没有认真地就自身的专业发展进行思考和实践探索。

（5）许多学校教师教育与发展的条件受到了地域、经济等因素的限制，进修机会少，校本培训不完善，校图书馆、院部资料室图书资源匮乏。

根据我们了解，对全国各地的少数民族本科预科生培养院校而言，以上问题在不同程度上困扰着培训院校的英语教师。如何改善少数民族本科预科生培养院校英语教师专业的发展现状，促进英语教师的发展，是我们需要认真反思和探讨的问题。

第四节　欧美国家高校教师专业发展经验

美国政府倡导教师专业发展培训的“草根化”，对在职教师的培训实行大力改革。改变了以往将教师集中起来提供培训，而是提倡培训重心下移，把在职教师的培训有机地渗透到真实的教学情境和过程之中，突出培训的针对性和实效性。在职教师的培训由此发生了一系列变化：由原来以高校为主渐渐变为以专门的培训机构为主，在职进修的课程设计由原来高校专家教授一手包办渐渐变为以进修人员为中心，由教师所在学校根据需要自行设计；教师在职进修的场所由原来的以高校教育院系为主渐渐发展为以教师所在的学校为主。

欧美很多大学非常重视教师的职前培养和在职培训工作。如英国伯明翰大学校园网站上，针对新教师岗前培养的网页内容丰富、材料详实，涉及岗前培养的活动安排、课程设置、培训考核等多个方面。另外该大学努力创造条件让新教师尽快地适应学校的工作生活环境，如举行多种形式的活动，促使新教师之间以及新老教师之间进行交流，同时提供各种机会帮助新教师更快地融入学校的各种组织中。牛津的大学学习促进研究中心（The Institute for the Advancement of University Learning，简称 IAUL），是专门为牛津的教师和所有职员提供各种有关教学研究方面培训的机构，通过课程、讨论、讲座等多种形式来达成牛津教师专业发展培训。英国“大学教师发展培训联合会”为大学教师培训设计了许多专门课程，还出版了大量专业教材。

英国政府规定，新教师必须边工作边参加有关培训课程的学习，各地区也设有地区的“培训联合会”。英国的高校也普遍设有“培训委员会”。这类专门培训机构的培训内容主要涵盖以下几方面：第一，培养教学素养。为课堂组织、学生评价、授课技巧、师生互动等方面提供指导和建议。第二，提高学科专业水平。为教学生涯规划、专业方面的发展、学术技能等提供帮助和支持。第三，指导教师个体发展。包括健康指南，人际交往技巧，对工作压力的调整以及时间的管理技巧等其他有关个体的发展项目。

美、加、澳及欧洲地区的外语教学研究和教师专业发展培训都有一个共同特点，重视理论与实践的有机结合，集中关注以课堂为中心、以教师和学生为对象的问题研究，把“培训”做成集教、学、研、思、辨、行为一体的教育和发展过程。他们的培训形式多种多样，例如，观察/观摩法（observation），即有评价标准的观察，分别观察教师、学生、师生关系、教学活动或行为等。此外，常用的外语教师培训方法还有反思法（reflective）、合作法（cooperative）、任务法（task - based）、行动研究法（action research）、体验法（experiencing as a learner）、记录法（journal）、访谈法（interview）、录像法（video - taped）、参与法（workshop）、同伴互评法（peer evaluation）、研讨法（seminar）等。

第五节　少数民族预科英语教师专业发展途径

基于教师专业发展的内涵和国内外教师专业发展的现状，我们认为，优化少数民族预科院校英语教师的专业发展，可通过以下操作性较强的途径来实现。

一、教师在岗自我发展

教师在岗自我发展可以通过个人持续努力和群体共同发展的方式进行。

（一）自学

自学是在职教师获取新知识、了解新信息、掌握新的教学动态、提高专业水平和教学能力的主要途径。教师必须加强主体意识，改变固有的等待他人提供机会的心理，自学基础理论，以求持续发展。

应经常订阅教学研究书刊和杂志，收看电视讲座，观摩英语教学录像，并利用电脑网络和远程教育手段，关注国内外最新发展情况和相关研究动态，形成广博的知识体系；要注意了解和学习各项教育政策、法规及教育、教学文件，使自己的思想行为跟上时代的发展步伐；要进一步钻研英语专业知识，提高自身应用语言的能力；要系统学习语言学、语言心理学、语言教育学等理论，了解学生语言学习的心理过程及其发展规律；要不断加强教学法理论的研究和学习，了解各种教学流派的特点和理论，并有机地运用到实践中，提高教学能力，增强教学效果，同时应结合实际，勇于探索新的、适合学生发展的教学方法；要注重在教学之余通过大量看、听、读、写来加强外语功底，提高外语水平。

（二）反思

反思是教师以自己的职业活动为思考对象，对自己在职业中的行为以及由此产生的结果进行审视和分析的过程，是反省、思考、探索和解决教育过程中各个方面存在的问题。反思作为教师专业发展的核心因素，具有以下意义。

（1）提高教学工作的自主性。教师在反思过程中扮演着双重角色：既是教育者又是受教育者；反思过程中教师会自觉将“学会教学”与“学会学习”统一起来，使自己成为“学习型教师”。通过反思自己的教学理念、教学行为以及教学效果，自觉更新教学观念，改善教学行为，提升教学水平，形成独创性的见解，进而提高教学工作的自主性和目的性，克服被动性和盲目性。

（2）提升教学经验。教师的自身经验和反思是教师教学专业知识和能力的重要来源。因为经过反思，原始的教学经验通过去粗取精，去伪存真，然后得以提炼和升华，最终形成高质量的教学经验和先进的教学理念。

（3）培养优良的职业品质。谦虚、进取心、责任感、敬业精神均是反思行为的有机组成部分，教师的反思意识和行为本身就反映出对事业、对学生、对自己的责任感，有助于形成爱岗敬业、虚心好学、追求完美的职业品质。

英语教师要重视自我反思，通过写教学日志、研究论文或教研报告以及观察他人课堂教学行为，经常性地反思自己的教学过程、教学结果以及教学的规范性。应养成教学中经常提出问题，分析、思考问题并解决问题的习惯。不仅考虑教什么（What），而且考虑怎样教（How），为什么这样教（Why），是否还有更佳途径。还可以在学生中做调查，自我监察、评估，更好地认识自己，为调整自己今后的发展方向打下基础。可以说，教学反思是教师对自己的教学过程中每个环节的工作进行重新认识，是一种高层次、高水平的思考，是教师提高自身素质和教学质量的重要保证。

（三）同伴互助

所谓同伴互助，是指两个或两个以上的教师以专业发展为导向、通过多种途径发展的，旨在实现自我提升和共同进步的教学研究活动。互助合作可以贯穿于教学活动的所有环节，在互助合作中，教师们可以共同备课、互相听课、评课、交流意见、分析问题、制订方案、执行方案、开展研究、共同解决问题。

教师的专业发展需要教师间在思想、观念、教学模式和教学方法上的交流，需要互相间的合作。同伴互助的优点和意义体现在以下几个方面：

（1）充分发挥集体的力量与智慧，更有效地探索教学规律，在教学中协调一致、互相配合，取长补短，开阔视野，更好地实施创新教学，提升教学质量。

（2）同伴互助可以有效促进教师个人和集体的共同成长。事实上，同伴合作是教师专业发展中最便捷、最持久、最现实的一种方式。通过与他人的思想碰撞和经验交流，教师可以获得多方面的启发以及对专业问题的深刻认识，从而加速自身的专业成长。同时促进整个集体在职业发展道路上的不断前进。

（3）同伴互助下进行的研究往往具有普遍意义，研究得到的成果和结论往往是集体智慧的结晶，具有较高的可靠性，因此往往具有推广和利用价值，这无疑提高了研究的社会效益，有着很好的现实意义。

（四）参与教研活动

要争做研究型教师，积极申请和参与科研和教改项目，参加教学竞赛，教材编写，开展研究性教学，创造条件把自己的教学经验理论化，把掌握的理论知识实践化，使自身的教学能力和科研水平双双得到提高。

（五）加入学术团体、参加学术活动

要积极加入地方或国家级外语教学研究组织或协会，依靠教学研究机构的力量了解国内外最新学术动态；利用学术报告、学术讲座，参加学术论坛、学术沙龙等活动，及时了解本学科及相关领域最新的发展势态，掌握学科前沿理论及其在实践中的应用，使自己的思想、行为跟上时代的节奏。

二、改善教师发展环境

1. 建立更灵活的教师进修制度，拓宽教师再学习的渠道，提供更多的学习机会。

2. 加大校本培训的力度，多组织一些校内外专家进行专题讲座，指导发展活动。

3. 充分发挥教研室的作用，使示范课、观摩课、课程商讨、集体备课、各种竞赛等活动制度化，大家集思广益，共同进步。

4. 多组织英语教师开展科研互帮互学活动，并设法让他们走出校门，与校外同行和专家学者进行交流，拓宽视野。

5. 完善校园网网络资源，保证稳定、顺畅的网络资源服务，并多订购与外语教师教育和发展相关的中英文网络期刊，弥补图书馆、资料室藏书的不足和地域劣势。

6. 鼓励教师完整参与课程决策、设计、实施与评价等环节，使他们真正深入到课程与教学中去，通过这种全程参与推进专业的发展。

第六节　结语

促进少数民族预科院校英语教师的专业发展，更新教育理念，改变教学模式，提高语言水平是一个长期而艰巨的任务，需要各位教师具有不断学习、提高专业素养的主动意识和主动参与，同时也需要主管部门的积极支持才能够完成。如果这项工作能长期坚持，少数民族预科培养院校英语教师队伍的总体素质以及英语教学研究水平一定能够得到明显的提高。

参考文献

[1] Allwright R. L. What Do We Want Teaching Material For? [J]. ELT Journal 36 (1), 1981: 5-18

[2] Brown, H. D. Teaching by Principles: An Interactive Approach to Language Pedagogy [M]. London: Prentice Hall Regents, 1994.

[3] Harmer, J. The Practice of English Language Teaching [M]. London: Longman, 1991.

[4] Jack C. Richards, David Nunan. Second Language Teacher Education [M]. 北京：外语教学与研究出版社，2000.

[5] Penny Ur. A Course in Language Teaching Practice and Theory [M]. 北京：外语教学与研究出版社，2000.

[6] T. Hutchinson, A. Waters. English for Specific Purposes [J]. Cambridge: Cambridge University Press, 1987: 144-152.

[7] Richards, J. C. Beyond Training [J]. Cambridge: Cambridge University Press, 1998: 173-190.

[8] 陈冠英. 谈外语教师的素质 [J]. 中小学外语教学，2000 (1): 14-16.

[9] 郭涵. 研究性学习挑战今日教师 [N]. 中国教育报，

2001－08－04.

［10］贾爱武. 外语教师教育与专业发展研究综述［J］. 外语界，2005（1）：61－66.

［11］贾腊生. 教师专业发展论［M］. 长春：东北师范大学出版社，2008.

［12］姜勇. 论教师专业发展的后现代转向［J］. 比较教育研究，2005（11）：67－70.

［13］刘万海. 教师专业发展：内涵、问题与趋向［J］. 教育探索，2003（12）：103－105.

［14］刘学惠. 外语教师教育研究综述［J］. 外语教学与研究，2005（3）：211－217.

［15］辛广勤. 试论大学英语教师在岗自我发展［J］. 国外外语教学，2006（3）：18－23，60.

［16］余文森. 有效教学十讲［M］. 上海：华东师范大学出版社，2009.

［17］张正东，李少伶. 英语教师的发展［J］. 课程教材教法，2003（11）：59－66.

［18］张伊兴，李明. 我国外语教学改革之我见［J］. 外国语，1999（6）：42－47.

［19］周燕. 高校英语教师发展需求调查与研究［J］. 外语教学与研究，2005（3）：206－210.

［20］朱小蔓. 关于教师创造性的再认识［J］. 中国教育学刊，2001（3）：57－60.

第九章

少数民族预科英语教学评价与质量监测

第一节　少数民族预科英语教学评价

教学评价是课程体系中的一个重要环节，全面、科学、客观、准确的评价体系对于实现教学目标至关重要。评价既是教师获取教学反馈信息、改进教学管理、提高教学质量的重要依据，也是学生调整学习策略、改进学习方法、提高学习效率和获取良好的学习效果的有效手段。

在传统教育中，教学和评价是脱节的。在很多人眼里，评价就是考试或测验，其目的就是为了选拔“优秀”学生，甄别“落后”学生。这种评价只重视结果而不重视过程，从根本上忽视了学生在评价中的主体作用。

现代教学理论认为，评价的目的应由“选拔”转移到“发展”上来，评价的过程应由“检查”转移到“引导”上来；评价的根本目的在于全面考察学生的学习状况，激励学生的学习热情，促进学生的全面发展，使不同水平、不同智能、不同个性的学生在原有的基础上都能有所发展。因此，评价学生的学业成绩时，既要关注学生知识技能的掌握，也要重视学生学习的过程与方法，更要重视情感、态度、价值观的形成与发展，并用多元化的手段进行评价，使学生的潜能都得到发展，感受到学习成功的喜悦，增强学习的信心。

一、多元化英语教学评价的内涵

多元教学评价强调评价的全面性、真实性、准确性和动态性；满足学生发展的需求，注重学生的价值实现；强调评价者和评价对象及学生之间的互动作用；注重提高学生的参与意识，发挥学生的积极性。

英语学习的多元化评价是以学生的主体性发展为目的，旨在挖掘学生的英语学习潜能，发展学生的英语学习能力为目的，这种评价更注重学生发展的需要，重视学生的英语学习过程，重视学生在英语学习中的体验。

因此，多元英语教学评价应涵盖以下内容：

1. 对所学知识的评价

（1）是否了解、掌握基本的英语知识？

（2）能否将新学的英语知识和已有的旧知识联系起来？

（3）能否根据实际情况灵活运用所学的英语知识与他人沟通和交流？

2. 对学习情感的评价

（1）英语学习目标是否明确？有无长远目标和近期目标？

（2）对学好英语是否充满信心？

（3）对英语是否有浓厚的兴趣？

（4）学习英语的态度是否积极、认真？

（5）是否有自主学习英语的意识？

（6）语言学习中是否有战胜困难的决心和毅力？

（7）学习的焦虑感是否阻碍或促进语言学习？

3. 对学习策略的评价

（1）是否有计划地安排英语学习的活动？

（2）能否妥善安排英语学习的时间？

（3）能否正确地使用各种英语参考资料？

（4）能否与同学、老师合作学习？

（5）是否有预习和复习英语的习惯？

（6）能否集中精力听讲？

（7）对做过的英语试卷或试题是否能认真分析原因，拟定补救措施？

（8）是否给自己出检测题？

（9）能否摸索并选择适合自己的英语学习方法？

（10）能否总结自己或借鉴他人好的英语学习方法或经验？

4. 对学习能力的评价

（1）是否有获取英语信息的能力：包括感知能力、阅读能力、收集资料的能力等；

（2）是否有加工、应用、创造英语信息的能力：包括记忆能力、思维能力、表达能力、实践能力、创造能力等；

（3）是否有学习英语的调控能力：包括确定英语学习目的、制订和调整英语学习计划、培养学习英语的兴趣、克服学习英语的困难等。

二、多元化英语教学评价的原则

（一）科学性原则

英语教学评价的内容不仅包括对语言知识、语言技能和实际交际能力的评价，还包括学生在学习过程中所表现出来的情感、态度、价值观和发展潜能等方面的评价。评价应包括测试型评价和非测试型评价，评价中应注意考查学生实际运用语言的能力，而非偏重考查语言知识和语言形式；测试中对听、说、读、写能力，以及口试和笔试所占的比例要合理。

评价的方案、活动以及对被评者的结论和建议等既要做到客观公平、反映学生的实际情况，又要符合教学活动的客观规律，使学生乐意接受评价的结论和建议，努力改进学习方法，促进学习，并对下次评价持有积极的态度。对学生来说，科学的评价会使他们充满信心，积极进取，不断提高改进。

（二）导向性原则

导向性原则是指评价要对教学起指导作用，因为英语教学评价活动是实现英语教学目标、达到教学目的、对教学活动进行宏观管理的基本环节和重要手段。学习评价将教学活动向哪个方向指引，是由教学的根本目的决定的。

国内外教学实验证明，教学目标具有导向、启动、激励、凝聚、调控、制约等心理作用。学习评价应有利于促进英语教学目标的实现。对学生的学习态度、价值观和发展潜能的考查是难以通过测试来实现的，只能通过非测试型的评价，主要是通过形成性评价来实现。因此，在英语学习评价中应当把形成性评价放在一个重要的位置上。评价既要注重学生的学习结果，又要注重学生的学习过程。评价应具有为学生发展服务的功能。

（三）参与性原则

参与性原则是指评价活动必须是评价者与被评价者共同参与的过程。在英语教学活动中学生主动参与评价主要有两种方式，一种是在他人评价中的主动参与，积极配合教师的评价，有意识地从评价中选择和吸收对自身发展的有用信息，以便有针对性地改进。另一种是自我评价中的自我控制、自我调整。通过自我评价，正确认识自己的学习活动和其他方面的发展状况，根据所了解的情况，及时进行自我调整，促进自身不断完善和提高，变被动学习为主动学习。在英语学习评价过程中，教师要善于转变角色，从“考官”的角色转变为与学生合作来共同完成评价的“合作者”角色。评价内容和评价形式可以由学生参与，不必总是由教师统一规定。这有利于发挥学生的想象力和积极性。

（四）全面性原则

全面性原则是指评价的方案和活动应体现多元性，对学生在英语学习过程中所表现的学习态度、情感、能力和学习策略，掌握基础知识和学习内容的水平及表现出的发展潜能、创新精神和实践能力等进行全面综合性的评价。在发展性评价的探索和实践中，主要是通过学生对英语的关心和态度（学习过程中的参与意识和参与程度），语言的知识、理解，表达能力（包括作文和口语），理解能力（包括读和听）等方面进行全方位的评价，在全面了解学生发展的基础上，对学生进行有效地指导，真正使每一位学生得到全面发展和提高英语教学的质量。

三、多元评价方法

（一）形成性评价和终结性评价相结合

在英语教学中采用形成性评价和终结性评价相结合的方式，力求评价方式的多样化和评价主体的多元化：不仅要评价学生的英语成绩，也要评价学生的学习态度、学习习惯、学习策略和自信心，并对学生学习过程进行观察、评价和监督。以过程为主的评价是连续的、动态的、纵向比较为主的发展性评价，主要考察在一定时期的学习过程中学习者在知识、技能、情感、策略等方面取得的进步。形成性评估一般选择纸笔评价方式之外的评价方式，包括观察、访谈、行为检查表、表演、自我报告以及真实性情景下如何应对或解决问题。

在教学实践中，被我们纳入过程性评价的内容包括：英语主题演讲、团队合作学习、课堂活动参与、课外探究性学习、英语竞赛、英语短剧演出等，以上活动均被量化为过程性评价指标。

（二）教师评价与学生互评和自评相结合

在进行评价时应将教师评价与学生互评和自评相结合；学生是学习的主体，教师是学习活动的主导，将教师的评价与学生自评相结合，让学生参与评价。

例如，在英语主题演讲、团队合作学习、课堂活动、课外探究性学习、英语竞赛、英语短剧演出等活动后，我们会不定期地组织学生以纸笔评价、口头评价、访谈等形式进行自评和互评，这样做的好处体现在以下几点：一方面调动了学生学习的积极性，使学生真正体会到自己是学习活动的主体，另一方面有利于引导学生对自己的学习活动进行反思，便于他们及时发现学习中存在的问题和不足，同时还可以促进同学之间的学习和交流，取长补短，共同进步。

（三）少数民族预科英语会考及教学质量监测机制的构建

在有关职能部门的组织和领导下，建立“少数民族预科英语会考及质量监测长效机制，实行地区联考或全国统一考试。学生在完成教学大纲规定的的教学内容后，参加“全国少数民族预科英语会考”，作为对少数民族预科学生英语学习的终结性评估。

总之，多元化的评价体系力求帮助学生认识自我、树立自信，有利于学生发展外语学习策略，使每个学生的语言能力在原有水平上得到最大程度的发展和提高。

第二节　少数民族预科英语会考及教学质量监测

一、会考及教学质量监测的需求分析

英语标准化测试对于英语教学具有导向作用和反拨作用早已经是外语界的共识，对教育质量的评价与考试的标准化有着极其密切的关系。

针对英语标准化测试及其对英语教学的反拨作用，国内外的研究成果颇丰，近几十年相继出现了德国学派的语法翻译测试法、美国学派的语言结构测试法和英国学派的语言交际测试法；从对英语测试的组织和管理方面而言，与之相对应的外语教育经历了三个阶

段：教育测量标准阶段、教育目标评价阶段以及教育评价全面化阶段。

国内学者张宝均（1998）和黄大勇、杨炳钧（2002）等对有关英语标准化测试的反拨作用进行了研究；而亓鲁霞和黄大勇（2004）分别对我国高考英语的反拨作用和全国大学英语四级考试及其反拨作用进行了研究；何琮周（1998）和金艳（2000）分别探讨了我国英语专业八级及其反拨作用和大学英语四六级口试考试的反拨作用。从外语考试理论成果可以看出，标准化统一测试对教学的影响十分广泛，涉及教学内容、教学方法、教学观念、教师的教学行为和学生的学习行为等方面。

目前，我国针对不同学习群体的外语水平标准化测试和评价方法多样，种类繁多，如除了大、中、小学本身的外语学业考试外，有一定规模的社会性标准化英语考试有托福，雅思，剑桥商务英语，全国英语水平考试，大学英语四、六级考试，专业英语四、八级测试，职称外语考试，中高级口译证书考试等。几乎所有具有权威性的英语学习和培训项目都有国家级标准化统一会考。

少数民族预科教育已开展几十年，在2015年之前，一直没有形成一套权威性、具有社会影响力的标准化少数民族预科统一学科会考体系，由此带来以下一些弊端：

（1）对预科教学质量的质疑：针对预科教育质量的质疑声多来自目标学校、学生家长、教育界人士。其中一个重要原因是没有建立一套具有公信力、科学、严谨的标准化水平测试体系。

（2）预科教育教学管理的随意性：主要体现在师资管理、教学计划的制订、教学评价方式和测试手段等几个方面。

(3) 教学条件的差异性：主要体现在英语教学的语音设施、多媒体教学设备、教学资源等几个方面。

(4) 教学过程的不规范性：主要体现在教材选用、课型设置、学时安排、教学内容、测试方法等几个方面。

(5) 学业评价标准不一：体现在不同院校考核方式不一致、英语课程结业标准不一致。

针对以上问题，2013 年教育部民族教育发展中心设立课题“高校民族预科班英语会考体系和实施方案研究”（课题批准号：MJZXZH13012），本书作者于 2013 年主持承担了该课题项目研究，在全国预科院校开展了预科英语会考及教学质量监测的可行性、必要性和实效性前期调研。

作为少数民族预科英语会考相关工作的重要参与人，我们自 2013 至 2015 年，在全国不同地区、不同预科培养院校做关于会考实施工作的问卷调查、访谈以及摸底考试，以便为英语会考工作的顺利开展收集宝贵的一手资料。

二、前期调查研究结果及分析

为了调查民族预科学生对“高校民族预科英语会考对英语学习的反拨作用”的认同度，以及高校民族预科教育一线英语教师对高校民族预科英语会考的态度和建议，我们有针对性地选择了四所不同地区、不同办学条件（两所 211 院校，两所民办院校）、不同生源（本科目标院校为一本和二本院校）的民族预科培养院校作为调研对象，就考试题型、难度、长度、英语会考的重要性、作用、意义的认同度等问题对学生和一线英语任课教师进行了问卷调查，并组织了英语会考摸底考试。参加本次摸底考试的学生总计 946 人，回收有效试卷 924 份，其中针对一年制预科生的有效试卷为 579 份，针对两年制预科生的有效试卷为 335 份，发出调查问卷 960 份，收回 936 份，其中学生问卷 914 份、教师问卷 24 份。

表 1　学生人数和院校分布

	院校 1	院校 2	院校 3	院校 4	合计
一年制	308	106	94	71	579
两年制	149	108	52	26	335
合计	457	214	146	97	914

（一）英语会考对英语学习反拨作用认同度调查

有了会考，你会比现在更认真努力学习吗?

（1）不会　　（2）不确定　　（3）会

问题的设计主要是为了调查民族预科学生对高校民族预科英语会考对英语学习的反拨作用的认同度，即：英语会考的实施是否会激励学生更加努力学习英语。

频数和百分比统计结果：

表 2　一年制预科学生

选项	不会	不确定	会
百分比%	7.3%	21.9%	70.8%

表 3　两年制预科学生

选项	不会	不确定	会
百分比%	0.8%	26.9%	72.2%

高分组和低分组对英语会考对英语学习的反拨作用的认同度对比：将考生分为高分组和低分组，检验两组考生对英语会考对英语学习的反拨作用的认同度是否存在显著差异。

表 4　高分组和低分组的均值

分 组	高分组	低分组
平均值	2.785	2.658
标准差	0.4703	0.4801

表 5　Independent – Sample T Test 检验

Independent Samples Test

		Levene's Test for Equality of Variance		t-test for Equality of Means						
									95% Confidence Interval of the Difference	
		F	Sig.	t	df	Sig. (2-tailed)	Mean Difference	Std. Error Difference	Lower	Upper
Q12	Equal variances assumed	3.592	.062	-1.219	81	.226	-.12718	.10433	-.33476	.08040
	Equal variances not assumed			-1.219	80.838	.226	-.12718	.10435	-.33481	.08046

第一个 Sig. 值是 0.062，大于 0.05，两个样本方差是齐性的，我们要利用第一行数据。

第一行的第二个 Sig. 值是 0.226，大于 0.05，说明两个样本的平均数是没有差异的，即高低分组都会努力学习。

讨论与反思：

（1）高达 70% 以上的学生选择开展英语会考后会更加努力学习英语，完全认同英语会考的反拨作用。不认同的学生占极少数。

（2）高分组和低分组学生大多都认同英语会考对英语学习的反拨作用，即：开展英语会考后，他们都会更努力学习英语。

（二）预科英语会考摸底考试及问卷调查

为了解不同地区高校民族预科学生的英语学习状况和水平，我们选择了四所具有代表性的民族预科培养院校作为试点于2014年5月对应届预科学生进行了英语摸底考试。并就考试题型、难度、长度等问题对学生和一线英语任课教师进行了问卷调查。

由于篇幅所限，此处仅以一年制学生为例，说明调查结果和结论。

表6　一年制预科英语会考模拟试卷题型

题型	听力理解	阅读理解	词汇结构	完型填空	汉译英	英文写作	总分
分值	20	20	30	10	10	10	100

试卷设计力图体现会考试卷设计原则，即：基础性强、覆盖面广、难度和题量适中，在力求试卷结构简约的同时，确保考查内容的广覆盖，杜绝偏、繁、怪试题，科学控制题量和难度，确保试卷能够客观评价学生的学习效果。

表7　一年制预科英语会考模拟考试试卷考查点统计

词性/题号		时态/题号		从句/题号		句型/题号		其他/题号	
冠词	44	一般现在时	42；66	状语从句	43，53，66，72	反义问句	65	主谓一致	42；77
名词	71	一般过去式	67；68	定语从句	41	强调句	62	虚拟语气	51；64
动词	73；77	一般将来时	66	宾语从句	63	倒装句	63	词义辨析	46；47；48；49；54；71；73；76.
情态动词	60	现在进行时	63	表语从句	67	感叹句	85	交际用语	56

续表

词性/题号		时态/题号		从句/题号		句型/题号		其他/题号	
形容词	61，79	过去进行时	68	主语从句	57，84			比较级最高级	53；74；81
副词	74；75；78；80	现在完成时	50	同位语从句	59			动名词	45；58
代词	42；72	过去完成时	82	直接/间接引语	63			不定式	58；83
介词	47；70	将来完成时	55					现在分词	61；69
数量词	52；78							过去分词	67；76
连接词	41；43；								

一年制预科英语会考模拟考试调查问卷（学生版）

亲爱的同学：

答完英语试卷后，请认真回答以下问题。对你的回答，我们将严格保密，只作为会考的研究和分析，不会对你的成绩和评价有任何不良影响，请表达自己最真实想法，谢谢配合！

1. 你认为试卷难易程度如何？

(1) 太容易 (2) 容易 (3) 适中 (4) 难 (5) 太难

2. 你认为试卷题量大小如何？

(1) 太少 (2) 少 (3) 适中 (4) 多 (5) 太多

3. 你觉得试卷听力部分____________。

(1) 太容易 (2) 容易 (3) 适中 (4) 难 (5) 太难

4. 你觉得试卷阅读理解题型____________。

(1) 太容易 (2) 容易 (3) 适中 (4) 难 (5) 太难

5. 你觉得试卷词汇和语法结构题型____________

（1）太容易 （2）容易 （3）适中 （4）难 （5）太难

6. 你觉得试卷完型填空题型____________

（1）太容易 （2）容易 （3）适中 （4）难 （5）太难

7. 你觉得试卷汉译英题型____________

（1）太容易 （2）容易 （3）适中 （4）难 （5）太难

8. 你觉得试卷作文题型____________

（1）太容易 （2）容易 （3）适中 （4）难 （5）太难

9. 你觉得自己经过复习和准备后，做这套试卷能够取得的成绩分数是____________。

（1）40 分以下 （2）41 ~ 50 （3）51 ~ 60 （4）61 ~ 70

（5）71 ~ 80 （6）80 分以上

（三）考试结果及调查问卷结果统计分析

1. 平均分与正答率

表 8 四所学校客观题型的平均分和正答率

学 校	第一大题 听力理解 20%	第二大题 阅读理解 20%	第三大题 词汇结构 30%	第四大题 完型填空 10%	客观题 成绩 80%
院校 1 均值	13. 266	14. 922	18. 643	7. 143	53. 974
院校 2 均值	12. 443	14. 424	18. 075	6. 990	51. 934
院校 3 均值	11. 766	12. 989	16. 564	6. 691	48. 010
院校 4 均值	10. 676	13. 042	14. 281	7. 085	45. 084
四校均值	12. 038	13. 845	16. 891	6. 977	49. 751
平均正答率	60. 19%	69. 22%	56. 30%	69. 77%	62. 19%

表 9　四所学校主观题型平均分和正答率

学 校	第五大题 汉译英 10%	第六大题 英文写作 10%	主观题成绩 20%
院校 1 均值	7.875	7.758	15.632
院校 2 均值	6.691	6.546	13.237
院校 3 均值	7.398	7.299	14.697
院校 4 均值	6.760	6.865	13.625
四校均值	7.181	7.117	14.298
平均正答率	71.81%	71.17%	71.49%

结论：

（1）试卷难度较为适合，四所学校的试卷正答率均在及格线以上。

（2）词汇结构题型得分较低，各学校在基础语法和词汇教学方面仍需加强。

2. 考生考试成绩与对试卷难度认知度的相关调查

问卷中第 3 题至第 8 题为“考生对试卷各题型的难度认知度调查”，我们希望了解考生的英语水平与他们对试卷的难度认知度是否会存在相关。

表 10　难度认知度均值及其与英语成绩的相关

	第一大题 听力理解	第二大题 阅读理解	第三大题 词汇结构	第四大题 完型填空	第五大题 汉译英	第六大题 英文写作	总试卷
难度认知度均值	3.256	2.738	3.166	2.767	2.875	2.942	3.256
与考试成绩的相关	-.373 **	-.444 **	-.394 **	-.436 **	-.386 **	-.414 **	-.501 **

** Correlation is significant at the 0.01 level (2 - tailed).

* Correlation is significant at the 0.05 level (2 - tailed).

结论：

（1）考生对试卷难度的认知度平均在“容易”与“适中”区间。

（2）考生的考试成绩与对试卷难度的认同度呈强负相关，即：成绩越好的考生认为试卷各题型的难度越低，反之，成绩差的考生认为试卷难度大。

3. 考生考试成绩与对试卷题量度认知度的相关调查

你认为试卷题量大小如何？

（1）太少　（2）少　（3）适中　（4）多　（5）太多

表 11　考试成绩与试卷题量认知度相关统计

试卷题量认知度均值	与考试成绩的相关系数
3.1761	-.338＊＊

Sig.（2-tailed）　＊＊p<0.01　＊p<0.05

结论：

（1）绝大部分考生认为试卷题量适中，均值达到 3.1761。

（2）题量认知度与学习成绩呈强负相关，即：成绩越高的学生完成试卷题量越轻松。

4. 学生对考试成绩的自我预判与实际考试成绩的相关调查

你认为经过复习和准备后，自己做这套试卷能够取得的成绩分数是______。

（1）40 分以下　（2）41~50　（3）51~60　（4）61~70　（5）71~80　（6）80 分以上

表 12 学生对考试成绩的自我预判值

	40 分以下	41 ~ 50 分	51 ~ 60 分	61 ~ 70 分	71 ~ 80 分	80 分以上
频数（人）	36	23	64	156	177	123
百分比	6.2%	4.0%	11.1%	26.9%	30.6%	21.2%

表 13 自我成绩平均预判值与实际考试成绩的相关

自我成绩预测平均值	与实际考试成绩的相关
4.3322	0.610 * *

Sig. （2 – tailed） * * p < 0.01 * p < 0.05

结论：

（1）近 80% 的学生对自我成绩的预判值在及格线以上，其中 21% 的学生自我预测考试成绩可以达到优良。

（2）考生自我成绩平均预判值为 4.3322，介于选项（4）（61 分 ~ 70 分）和选项（5）（71 分 ~ 80 分）之间。实际考试成绩与自我成绩预判值呈极强正相关（.610 * * ）。统计结果显示考生对考试成绩的自我判断基本准确客观。

5. 高分考生与低分考生的考试成绩预判差异对比

将考生分为高分组（考试成绩排名前 100 人）和低分组（考试成绩排名后 100 人），用 Independent – Sample T Test 检验两组之间的成绩预判是否存在差异。

表 14 均值统计

	人数	均值	标准差
高分组	100	5.048	1.0514
低分组	100	3.119	1.3574

表 15　Independent – Sample T Test 检验

Independent Samples Test

		Levene's Test for Equality of Varianc		t-test for Equality of Means						
									95% Confidence Interval of the Difference	
		F	Sig.	t	df	Sig. (2-taile	Mean Differenc	Std. Error Differenc	Lower	Upper
Q9	Equal varianc assumed	12.527	.001	-11.155	193	.000	-1.92898	.17292	-2.27004	-1.58792
	Equal varianc not assumed			-10.998	170.880	.000	-1.92898	.17539	-2.27519	-1.58277

第一个 Sig. 值是 0.001，小于 0.05，说明方差不齐，要利用第二行数据。第二行的第二个 Sig. 值是 0.000，小于 0.05，说明两个样本的平均数存在显著差异。

结论：

高分组考生与低分组考生对成绩的自我预判值在统计学意义上具有极其显著的差异，前者自我预判值为 71 ~ 80 分，后者自我预判值为 51 ~ 62 分。

6. 关于本科预科英语会考的调查问卷（教师版）

表 16　预科英语会考教师调查问卷

1. 任职学校：________________
2. 学历：（1）本科　（2）硕士研究生　（3）博士研究生
3. 职称：（1）助教　（2）讲师　（3）副教授　（4）教授
4. 教学对象：（1）本科预科一年制学生　（2）本科预科两年制学生　（3）______
5. 预科英语教学年限：（1）不足两年　（2）两年到五年之间　（3）五年以上

续表

您认同以下说法吗?
6. 本科预科英语会考很有必要。
（1）完全不同意 （2）不太同意 （3）不确定 （4）基本同意 （5）完全同意
7. 预科英语会考有利于对预科英语教学进行统筹性指导、监督和管理。
（1）完全不同意 （2）不太同意 （3）不确定 （4）基本同意 （5）完全同意
8. 预科英语会考能够衡量少数民族预科学生是否达到规定的课程要求。
（1）完全不同意 （2）不太同意 （3）不确定 （4）基本同意 （5）完全同意
9. 预科会考有助于评估预科教学培养单位的教学管理是否达到统一要求。
（1）完全不同意 （2）不太同意 （3）不确定 （4）基本同意 （5）完全同意
10. 预科会考有助于指导任课教师遵守课程标准实施教学。
（1）完全不同意 （2）不太同意 （3）不确定 （4）基本同意 （5）完全同意
11. 预科会考有助于为后续英语教学的改进提供可靠依据。
（1）完全不同意 （2）不太同意 （3）不确定 （4）基本同意 （5）完全同意

此次共收到四所参与预科英语模拟会考培训院校的教师问卷 24 份，其中具有硕士研究生以上学历的教师 14 人，具有高级职称的任课教师 10 人，教龄在五年以上的教师 17 人。

问卷第 6 题到第 11 题的设计，旨在调查一线英语任课教师对实施少数民族预科英语会考的必要性、积极作用和意义是否认同。

表 17　预科英语会考教师调查问卷统计分析

选项	完全不同意		不太同意		不确定		基本同意		完全同意	
题号	频数/百分比		频数/百分比		频数/百分比		频数/百分比		频数/百分比	
6	0	0%	2	8.3%	3	12.5%	7	29.19%	12	50%
7	2	8.3%	6	25%	3	12.5%	8	33.33%	5	20.83%
8	1	4.17%	5	20.83%	3	12.5%	10	41.67%	5	20.83%
9	1	4.17%	3	12.5%	4	16.67%	12	50%	4	16.67%
10	0	0%	3	12.5%	5	20.83%	12	50%	4	16.67%
11	0	0%	4	16.67%	3	12.5%	11	45.83%	6	25%
均值	2.78%		15.97%		14.587%		41.67%		25%	

结论：

（1）大多数预科一线英语教师对实施少数民族预科英语会考的必要性、积极作用和意义表示认同，对于六个问题，选择基本同意和完全同意的认同度比例均在 60% ~ 70% 以上，平均值达到 66.67%。

（2）选择完全不同意和不太同意，即对实施少数民族预科英语会考的必要性、积极作用和意义表示不认同的预科一线英语教师比例不到 20%。

（3）还有一部分教师（15%左右）对英语会考持中立态度。

（四）英语会考摸底考试的收获及反思

本次模拟会考试点为英语会考工作的开展提供了宝贵的一手资料和经验，主要体现以下几个方面：

1. 对不同地域、不同院校、不同层次的少数民族预科学生英语学习状况以及英语知识的掌握程度有了比较清晰和准确的了解。

2. 基于对不同院校的英语教师和在读预科生的问卷调查结果，课题组将本着认真、务实、客观、科学的原则，以国内外英语测试学和测试理论为指导，结合我国预科教育的特殊性，借鉴并参照实施多年的成熟的英语测试体系，对预科英语会考试卷进行完善、改进和修正。设计会考试卷时，在题型的选择、题量额度控制以及难度的把握方面充分兼顾不同背景的考生。

3. 全国范围的少数民族预科英语会考对预科英语教学的指导、监督、规范和推动作用得到大多数受访英语教师的认同，英语会考对学生的激励和反拨作用也得到大部分学生的肯定，这更加证实了开展英语会考实施的重要性、必要性和紧迫性。

（五）英语会考摸底考试反映出的英语教学环节的问题

此次模拟会考也暴露出培训单位在英语教学中存在的问题，主要体现在以下几个方面：

1. 对教材关注不够，主干知识欠落实。例如，一些重点知识，词汇的特殊用法等教材内容丢分率偏高；一年制和两年制试卷中的词汇结构部分的正答率分别为56.30% 和39.93%，在各项题型中偏低。

2. 综合运用能力较弱。例如，两年制试卷中的阅读理解、补全对话和完型填空题型正答率仅为44.3%、40.24%和31.8%。教学中要多引导学生灵活运用所学知识，而非死记硬背。教学中做到词不离句、句不离篇，在语篇的层次上进行词汇、语法等基础知识的教学。

3. 通过与不同培训院校任课教师的座谈，以及通过收集到的教师调查问卷，我们了解到少数英语任课教师对开展民族预科班英语会考存在着不同程度的顾虑或不同意见。

老师们的意见大致可归纳为以下几点：

（1）不同层次的培养院校应当采用不同的评估手段检验教学效果。

（2）试卷难度不好掌握，一张试卷难以全面检验教学质量和学习效果。

（3）老师目前已经非常辛苦，超负荷工作，推行会考制度会增加老师的压力。

（4）在目前教材使用不统一，教学课时不统一、教学内容不统一的情况下，教师难以有效指导学生迎接会考。

（六）关于实施英语会考教师提出的建议

1. 相关职能部门委托授权，课题组到更多的预科培训院校深入调研，广泛征求任课教师对英语会考的形式、内容、难度、评估方式、管理模式等方面的意见。

2. 职能部门能够尽快指导并落实预科英语教材的统一使用，预科英语教学标准和要求的正式制定以及预科英语会考考试大纲的统一实施。

3. 在相关职能部门的领导和组织下，尽早成立英语会考专家指导委员会，论证英语会考的实施、推广及改革方案。

4. 在相关职能部门的授权下，选择具有代表性的院校，开展“高校民族预科班英语会考”试点，通过试点，课题组会认真修正试点过程中出现的问题，研究应对策略，改进完善会考机制。

三、开展预科英语会考及质量监测的意义及目的

基于前期开展的调研工作和全国各院校参与的多次论证，自2015年以来，连续四年教育部民族司和少数民族预科指导委员会领导并组织了“全国少数民族预科英语会考及教学质量监测”，这一权威性举措有力促进了我国少数民族预科教育的科学、有序发展，切实规范了少数民族预科英语教学，有效监测各培训基地的英语教学质量，促进了预科英语教学水平的提升，同时提高了少数民族预科人才培养和教育的社会效益。

（一）少数民族预科英语会考及教学质量监测的意义

（1）为少数民族预科英语教学制定权威性的国家级统一标准。

（2）对少数民族预科英语教学进行统筹性指导、监督和管理。

（3）树立少数民族预科教育的社会公信力，获得广泛的社会认同和社会效益。

（二）少数民族预科教育英语会考及教学质量监测的目的

（1）衡量少数民族预科学生英语水平是否达到学制或教学大纲所规定的课程要求。

（2）评估少数民族预科教学培养单位的教学管理是否达到国家统一要求。

（3）指导少数民族预科英语任课教师严格遵守教学大纲实施教学。

（4）检验少数民族预科英语教学质量是否达标，为主管部门提供实施教学改革的依据。

四、预科英语会考的性质、标准及命题原则

受教育部民族司以及少数民族预科教学指导委员会的指派和委托，作者与多所预科培养院校的一线教学骨干教师和专家一同制定了“普通高等学校少数民族本科预科英语会考大纲”，在广泛调研和征求意见的基础上，确定了以下内容：

（一）会考性质

考试为普通高等学校少数民族本科预科英语水平考试，考试对象为普通高等学校少数民族本科预科学生。

（二）会考标准

以《普通高等学校少数民族本科预科英语教学大纲》为指导，根据学业水平考试的性质和特点，编写《普通高等学校少数民族本科预科英语会考考试大纲》，并以此作为英语会考命题的依据和试题质量评价的标准。

（三）命题原则

英语会考试卷的命题面向全体普通高等学校少数民族本科预科学生，严格执行《普通高等学校少数民族本科预科英语教学大纲》，保证考试评价的科学性和客观性。具体原则如下：

1. 基础性原则：本考试主要考查学生对英语基础知识与基本技能的掌握情况。

2. 合理性原则：试题内容起点适当，梯度适宜，难题、易题比例合理，试卷结构简约。科学控制题量和难度，杜绝偏题、繁题和怪题。

3. 科学性原则：遵循教育测试的基本原理，按照水平考试的特点和要求，试题设计符合学生的认知能力。试题表述简明、用词准确、得当、规范；试卷具有效度、信度和区分度。

五、预科英语会考方式、题型与分值

表 1　英语会考方式

考试方式	机考 + 笔试
考试时长	共 120 分钟 （机考客观题 75 分钟，笔试主观题 45 分钟）
试卷总分值	100 分

表 2　会考题型与分值

题型	形式	题量	分值	百分比
第一部分：语音、词汇及语法	客观题	共 30 道小题	30 分	30%
第二部分：完形填空	客观题	1 篇文章共 10 道小题	10 分	10%

续表

题型	形式	题量	分值	百分比
第三部分：阅读理解	客观题	3篇文章共15道小题	30分	30%
第四部分：错误识别	客观题	共10道小题	10分	10%
第五部分：汉译英	主观题	共5道小题	10分	10%
第六部分：写作	主观题	1篇	10分	10%

六、预科英语会考答题要求与考查目的

第一部分	答题要求	题数	考查目的
语音、词汇及语法	从每道题所给的A、B、C和D中选出最佳选项	30	对语音、词汇、短语以及语法知识的掌握程度和运用能力

第二部分	答题要求	题数	考查目的
完形填空	阅读1篇短文，从短文后各题所给的A、B、C和D中，选出可以填入空白处的最佳选项	10	在具体的语境和语篇中对所学语言知识的综合运用能力

第三部分	答题要求	题数	考查目的
阅读理解	由3篇难易程度不等的英语短文组成，每篇短文后有5道小题，从各题所给的A、B、C和D中选出最佳选项	15	理解不同题材和文体的阅读材料、抓住文章主旨大意、获取主要信息以及正确使用阅读策略的能力

第四部分	答题要求	题数	考查目的
错误识别	由10个含有错误的句子组成。每个句子有四处划线部分，分别标有A、B、C和D，从中识别并选择一个有错误的选项	10	对词汇、语法结构等方面的英语语言综合运用能力

续表

第五部分	答题要求	题数	考查目的
汉译英	由5个句子组成，根据所给汉语，使用适当的英语词汇、词组以及语法结构将其翻译成英语	5	掌握和运用英语词汇、词组以及语法结构的能力
第六部分	答题要求	题数	考查目的
写 作	根据要求，写出100字左右的英语短文	1	能够根据文字或图表提供的信息，使用恰当的语言，就一般性话题写出100字左右的短文。在写作中基本做到语句通顺、语意连贯、语法正确；能够运用基本的写作技巧

七、预科英语会考及质量监测的实施成效

自2015年至2018年，连续实施四年的全国范围少数民族预科英语会考及教学质量监测对预科英语教学的指导、监督、规范和推动作用得到大多数院校和任课英语教师的认同，对教学的反拨作用也从历年的会考成绩中得到印证，对学生学习的激励作用得到预科学生们广泛的认同，这进一步证实了实施英语会考和开展教学质量监测的重要性、必要性和有效性。

参考文献

[1] Arthur Hughes. Testing for Language Teachers [M]. 北京：外语教学与研究出版社，2001.

[2] Cyril J. & Weir. English Testing and Validation [M]. 北京：外语教学与研究出版社，2010.

[3] Nunan, D. Designing tasks for the communicative classroom [M]. 北京：外语教学与研究出版社，2000.

[4] Oliva P. F. Developing the Curriculum [M]. Brown Company, 1982: 5-6.

[5] Posner, G. Course design: A guide to teachers [M]. London: Longman Press, 1994.

[6] Taba H. Curriculum Development [M]. New York: Harcourt, Brace & World, 1962.

[7] Tanner D. & Tanner L. N. Curriculum Development: Theory into Practice [M]. New York: Macmillan, 1980.

[8] Tyler R. W. A Rationale for Program Evolution [M]. Boston: Kluwer Nijhoff Publishing, 1983.

[9] 布鲁纳. 教育过程 [M]. 邵瑞珍，译. 北京：文化教育出版社，1982.

[10] 曹莉，王明，杨捷. 国外职业教育发展现状及对我国的启示 [J]. 职业技术教育，2000 (34): 3-10.

［11］陈时见. 全球化领域下多元文化教育的时代使命［J］. 比较教育研究，2005（12）：79－85.

［12］陈晓扣. 论语言测试的反拨作用［J］. 解放军外国语学院学报，2007（5）：40－44.

［13］程晓堂. 英语测试理论与技术［M］. 北京：外语教学研究出版社，2003.

［14］戴炜栋. 构建具有中国特色的英语教学"一条龙"体系［J］. 外语教学与研究，2001（5）：322－326.

［15］杜威. 我们怎样思维、经验与教育［M］. 北京：人民教育出版社，1991.

［16］高志敏，等. 终身教育、终身学习与学习化社会［M］. 上海：华东师范大学出版社，2005.

［17］教育部. 大学英语课程教学要求［M］. 上海：上海外语教育出版社，2007.

［18］教育部. 普通高中英语课程标准研修［M］. 北京：高等教育出版社，2007.

［19］教育部. 普通高等专科英语课程教学基本要求［M］. 北京：高等教育出版社，1999.

［20］联合国教科文组织学会生存——教育世界的今天与明天［M］. 北京：教育科学出版社，2000.

［21］联合国教科文组织21世纪教育委员会教育——财富蕴藏与其中［M］. 北京：教育科学出版社，1996.

［22］刘润清，韩宝成. 语言测试和它的方法［M］. 北京：外语教学与研究出版社，1999.

[23] 夏纪梅. 英语交际常识 [M]. 广州：中山大学出版社，1995.

[24] 谢文静. 高职教育考试改革探讨 [J]. 教育与职业，2003 (12)：30-31.

[25] 张华. 论课程选择的基本取向 [J]. 外国教育资料，1999 (5)：25-31.

[26] 邹申. 英语语言测试 [M]. 上海：上海外语教育出版社，1998.

[27] 邹申. 语言测试 [M]. 上海：上海外语教育出版社，2005.